Kauderwelsch
Band 16

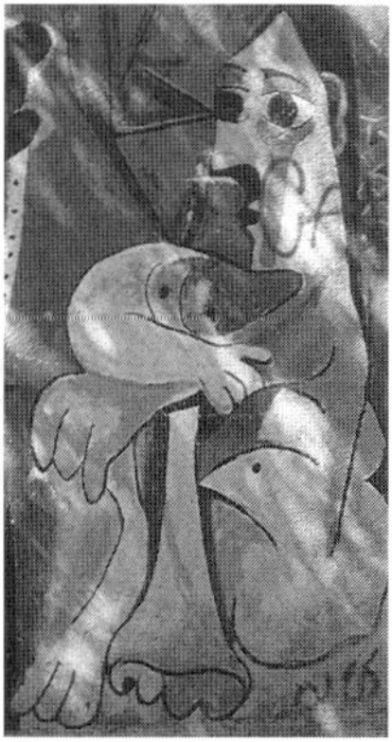

Impressum

O'Niel V. Som
Spanisch – Wort für Wort
erschienen im
REISE KNOW-HOW Verlag Peter Rump GmbH
Osnabrücker Str. 79, D-33649 Bielefeld
info@reise-know-how.de

13. Auflage 2002

Bearbeitung Peter Rump
Umschlag Peter Rump
Layout-Konzept Günter Pawlak, FaktorZwo! Bielefeld
Layout Günter Pawlak
Fotos Wolfram Schwieder
Druck und Bindung Fuldaer Verlagsagentur, Fulda

ISBN 3-89416-480-8
Printed in Germany

Dieses Buch ist erhältlich in jeder Buchhandlung der BRD, Österreichs, der Schweiz und der Benelux. Bitte informieren Sie Ihren Buchhändler über folgende Bezugsadressen:
BRD Prolit GmbH, Postfach 9, 35461 Fernwald (Annerod) sowie alle Barsortimente
Schweiz AVA-buch 2000, Postfach 27, CH-8910 Affoltern
Österreich Mohr Morawa Buchvertrieb GmbH Sulzengasse 2, A-1230 Wien
Belgien & Niederlande Willems Adventure, Postbus 403, NL-3140 AK Maasluis
direkt Wer im Buchhandel kein Glück hat, bekommt unsere Bücher zuzüglich Porto- und Verpackungskosten auch direkt beim **Rump Direktversand**, Heidekampstraße 18, D-49809 Lingen oder über unseren Internet-Shop: **www.reise-know-how.de**
Zu diesem Buch ist ein **Tonträger** erhältlich, ebenfalls in jeder Buchhandlung der BRD, Österreichs, der Schweiz und der Benelux.
Der Verlag möchte die **Reihe Kauderwelsch** weiter ausbauen und **sucht Autoren**!
Mehr Informationen finden Sie auf unserer Internetseite
www.reise-know-how.de/buecher/special/schreiblust-inhalt.html

Kauderwelsch

O'Niel V. Som

Spanisch

Wort für Wort

Reise Know-How
im Internet
www.reise-know-how.de
info@reise-know-how.de

Aktuelle Reisetipps und Neuigkeiten, Ergänzungen nach Redaktionsschluss, Büchershop und Sonderangebote

Die
Reise Know-How Verlag
Peter Rump GmbH
ist Mitglied der
Verlagsgruppe Reise Know-How

Kauderwelsch-Sprechführer sind anders!

Warum? Weil sie Sie in die Lage versetzen, wirklich zu sprechen und die Leute zu verstehen.

Wie wird das gemacht? Abgesehen von dem, was jedes Sprachbuch bietet, nämlich Vokabeln, Beispielsätze etc., zeichnen sich die Bände der Kauderwelsch-Reihe durch folgende Besonderheiten aus:

Die **Grammatik** wird in einfacher Sprache so weit erklärt, dass es möglich wird, ohne viel Paukerei mit dem Sprechen zu beginnen, wenn auch nicht gerade druckreif.

Alle Beispielsätze werden doppelt ins Deutsche übertragen: zum einen **Wort-für-Wort,** zum anderen in „ordentliches" Hochdeutsch. So wird das fremde Sprachsystem sehr gut durchschaubar. Denn in einer fremden Sprache unterscheiden sich z. B. Satzbau und Ausdrucksweise recht stark vom Deutschen. Ohne diese Übersetzungsart ist es so gut wie unmöglich, schnell einzelne Wörter in einem Satz auszutauschen.

Die **Autorinnen** und **Autoren** der Reihe sind Globetrotter, die die Sprache im Land selbst gelernt haben. Sie wissen daher genau, wie und was die Leute auf der Straße sprechen. Deren Ausdrucksweise ist nämlich häufig viel einfacher und direkter als z. B. die Sprache der Literatur.

Besonders wichtig sind im Reiseland die **Körpersprache, Gesten, Zeichen und Verhaltensregeln,** ohne die auch Sprachkundige kaum mit Menschen in guten Kontakt kommen. In allen Bänden der Reihe wird darum besonders auf diese Art der nonverbalen Kommunikation eingegangen.

Kauderwelsch-Sprechführer sind keine Lehrbücher, aber viel mehr als Sprachführer! Wenn Sie ein wenig Zeit investieren und einige Vokabeln lernen, werden Sie mit ihrer Hilfe in kürzester Zeit Informationen bekommen und Erfahrungen machen, die „taubstummen" Reisenden verborgen bleiben.

Inhalt

9 Vorwort
10 Die Sprachen Spaniens
11 Aussprache/Betonung
14 Rechtschreibung
14 Vier Wörter, die weiterhelfen

Grammatik

19 Die Hauptwörter
21 Die Eigenschaftswörter
23 Steigern und Vergleichen
25 Die Verben in der Gegenwart
30 Die Anwendung der Formen
32 Das Hilfsverb „sein“
34 Weitere Hilfsverben
38 In Kürze: die anderen Zeiten
41 Die Fürwörter
46 „dies“ und „das“
47 Der Satzbau (Überblick)
48 Fragen
51 Die Verneinung
52 Die Verhältniswörter
55 Die Bindewörter
56 Zahlen und zählen
58 Uhrzeit / Datum

Konversation

64 Kurz-Knigge
68 Nichts verstanden?
69 Floskeln und Redewendungen
96 Hinweisschilder
97 Bekanntschaften machen
103 Eingeladen sein
108 Einkaufen
114 Essen und Trinken
125 Toilette & Co.
126 Unterwegs ...
126 ... in der Stadt
131 ... auf dem Land
133 ... mit öffentlichen Verkehrsmitteln
135 ... im eigenen Wagen
138 Krank sein

Anhang

143 Lateinamerikanisches Spanisch
144 Baskisch (Mini-Sprachführer)
148 Wörterliste Deutsch – Spanisch
161 Wörterliste Spanisch – Deutsch
176 Der Autor

Sie wollen also nach Spanien fahren. Und ich will Ihnen ein kleines Buch über die Sprache mitgeben, das Ihnen auf der Reise nützlich sein soll. Wenn Sie vorhaben, in einem First-Class-Hotel mit deutscher Bedienung zu wohnen, im Restaurant mit deutscher Küche zu essen und Stadtrundfahrten mit deutscher Reiseleitung zu machen, dann brauchen Sie natürlich kein Spanisch zu lernen.

Aber sehr viel interessanter ist es, auf eigene Faust zu versuchen, das Land zu erkunden und mit den Bewohnern in Kontakt zu kommen. Denn nur so kann man die echte spanische Lebensart kennenlernen. Dieses Buch ist in drei Abschnitte gegliedert:

Grammatik –
Redewendungen –
Wörterbuch.

Sie können mit den Redewendungen oder mit der Grammatik anfangen, ganz wie Sie wollen. Nebenbei finden Sie eine Menge Hinweise und viele nützliche Tipps.

Und nun wünsche ich Ihnen
buen viaje (gute Reise).

Die Sprachen Spaniens

Bevor Sie anfangen zu lernen, sollten Sie wissen, was Spanisch eigentlich ist. In Spanien werden folgende Sprachen gesprochen:

Baskisch (Euskara)

Diese Sprache ist den anderen drei weder ähnlich noch verwandt. Sie stammt wohl aus der Zeit, bevor die Römer nach Spanien kamen. Ein Kauderwelsch-Band Baskisch wird ab Mitte 2001 erhältlich sein.

Galicisch (Galego)

Diese dem Portugiesischen sehr ähnliche Sprache wird in Galicien gesprochen. 1975 wurden ihre Regeln erstmals in einem Schulbuch normiert, aber schon 1980 in einer zweiten Auflage verändert und verbessert. Ein Kauderwelsch-Band Galicisch ist 1996 erschienen.

Katalanisch (Català)

Das Katalanische hat eine lange literarische Tradition, die bis ins frühe Mittelalter zurückreicht. Kauderwelsch Band 72 befasst sich mit dieser in Katalonien, Andorra, Südfrankreich und auf den Balearen gesprochenen Sprache. Im Band 124 wird speziell der Mallorquinische Dialekt vorgestellt.

Kastilisch (Castellano)

Ursprünglich im Hochland von Kastilien gesprochen, ist dies jetzt die offizielle erste Staatssprache Spaniens. In allen Gegenden Spaniens (also auch Galicien, Katalonien, Baskenland und Balearen) kann man sich in Castellano verständigen. Darüber hinaus spricht man Castellano in etwa 20 Ländern Amerikas von Kalifornien bis Argentinien (siehe auch Seite 143).

Aussprache/Betonung

Spanier sprechen normalerweise sehr schnell, aber die Aussprache ist trotzdem recht einfach. In der folgenden Liste führe ich nur die Laute auf, die anders als im Deutschen ausgesprochen werden.

Die Vokale **a, e, i, o, u** werden immer deutlich einzeln gesprochen, auch wenn mehrere hintereinander stehen. Beispiele:

ie	i-e	**miel**	*mi-el*	Honig
ue	u-e	**puente**	*pu-ente*	Brücke
ei	e-i	**veinte**	*we-inte*	zwanzig

Bei den restlichen Buchstaben ist zu beachten:

ch	tsch	**mucho**	*mutscho*	viel
h	(stumm)	**helado**	*elado*	Eis
j	ch	**jugo**	*chugo*	Saft
ll	j	**pollo**	*pojo*	Hähnchen
ñ	nj	**baño**	*banjo*	Badezimmer
qu	k	**que**	*ke*	dass
s	ss	**museo**	*musse-o*	Museum
v	w	**vino**	*wino*	Wein
y	j	**yo**	*jo*	ich
z	ß	**zapato**	*ßapato*	Schuh

Bei **g, gu** und **c** hängt die Aussprache von dem folgenden Buchstaben ab. Stehen sie vor den hellen Vokalen **e** und **i,** gilt:

ce, ci	ße, ßi	**cine**	*ßine*	Kino
ge, gi	che, chi	**gente**	*chente*	Leute
gue, gui	ge, gi	**guerra**	*gerra*	Krieg

Vor den dunklen Vokalen **a, o, u** oder vor einem Konsonanten:

c	k	**como**	*komo*	wie
g	g	**gato**	*gato*	Katze
u	gu	**gusto**	*gusto*	Gefallen

Am **Wortende** ist noch zu beachten:

-d		**verdad**	*werda*	Wahrheit
-e	ee	**este**	*estee*	dieser
-y	i	**doy**	*doi*	ich gebe

Dies ist die grundsätzliche Aussprachemöglichkeit. Es gibt jedoch starke regionale Unterschiede, die man zwar kennen, aber nicht unbedingt auch nachmachen muß. Einige Beispiele dafür:

→ **ll** kann wie „j“ gesprochen werden.
→ **b** und **v** klingen oft gleich.
→ **s, z** am Wort- und Silbenende können wie ein „h“ gehaucht, gezischt („sh“) oder ganz verschluckt werden.
→ **ce, ci, z** werden oft gelispelt wie das „th“ im Englischen.

Betonung

Die meisten Wörter enden auf **Vokal, n** oder **s.** Sie werden auf der vorletzten Silbe betont.

camisa	(Hemd)	*ka-mi-sa*
estanco	(Laden)	*es-tan-ko*

Die übrigen Wörter werden auf der letzten Silbe betont.

mujer	(Frau)	*mu-cher*
ciudad	(Stadt)	*ßiu-dad*

Wenn ein Akzent auf einer Silbe steht, wird diese natürlich betont. Akzente stehen auch zur Unterscheidung von gleichlautenden Wörtern und auf Fragewörtern.

cómo	(wie)	*ko-mo*
avión	(Flugzeug)	*a-wi-on*

Kauderwelsch-Begleitkassette

*Falls Sie sich die Sätze, die in diesem Buch vorkommen, einmal von einem Muttersprachler gesprochen anhören möchten, können Sie sich die **Kauderwelsch-Begleitkassette** zu diesem Buch besorgen, die über jeden Buchhändler zu beziehen ist: ISBN 3-89416-481-6 Sie bekommen sie aber auch beim Rump-Direktversand oder über unseren Internet-Shop www.reise-know-how.de.*

Rechtschreibung

Das erste Wort im Satz und Eigennamen werden groß geschrieben, sonst alles klein. Frage- und Ausrufezeichen stehen zusätzlich am Satzanfang und zwar auf dem Kopf. Jedem Schriftzeichen entspricht genau ein Laut. Wenn man sich erst einmal an deren Aussprache gewöhnt hat, kann man alle Wörter korrekt wiedergeben.

Vier Wörter, die weiterhelfen

Mit den folgenden Ausdrücken kann man schon das Wichtigste auf Spanisch sagen:

¿Tiene ...?	**Haben Sie ...?**
¿Tiene sellos?	Haben Sie Briefmarken?
¿Tiene postales?	Haben Sie Postkarten?
¿Tiene patatas fritas?	Haben Sie Pommes?

Als Antwort bekommt man:
sí (ja) oder no (nein)

Quiero ...	**Ich möchte ...**
Quiero un café.	Ich möchte einen Kaffee.
Quiero una Coca.	Ich möchte eine Cola.
Quiero jugo.	Ich möchte Saft.

Wichtig: **Te quiero** heißt „Ich liebe Dich!“

Zur Verneinung setzt man einfach no davor:
No quiero jugo. (Ich möchte keinen Saft.)

¿Dónde está ...? Wo ist ...?

¿Dónde está el lavabo?
Wo ist die Toilette?

¿Dónde está la estación?
Wo ist der Bahnhof?

¿Dónde está el ascensor?
Wo ist der Aufzug?

Die häufigsten Richtungsangaben sind: todo recto (geradeaus), a la izquierda (links), a la derecha (rechts). Man achte aber auch genau auf die Handbewegungen und Gesten.

¿Cuánto cuesta ...? Wieviel kostet ...?

¿Cuánto cuesta un billete?
Was kostet eine Eintrittskarte/Fahrkarte?

¿Cuánto cuesta el libro?
Was kostet das Buch?

¿Cuánto cuesta esto?
Was kostet das?

Die Zahlen finden Sie auf Seite 56.

Zahlen
Um den Umgang mit den Zahlen zu erleichtern, wird auf jeder Kauderwelsch-Seite die Seitenzahl auch auf Spanisch gezählt!

CADA COSA
EN SU SITIO
INSUMISIÓN
NI MILI
M.O

Nach diesen ersten Seiten kann man schon einfache Fragen stellen. Um aber richtige Sätze bilden zu können, sind drei Dinge wichtig:

Die Wortwahl

Dazu habe ich am Buchende einen Grundwortschatz von etwa **1.000 Wörtern** zusammengestellt. Diese sollten für die normale alltägliche Unterhaltung ausreichen. (Zusätzlich können Sie natürlich noch ein Wörterbuch mitnehmen.)

Die Form

Die meisten Wörter haben je nach Bedeutung verschiedene Endungen, z. B. für Einzahl und Mehrzahl. Ich habe jedoch nicht alle diese Formen aufgeführt, da das für Anfänger zu verwirrend wäre. So habe ich z. B. bei den Verben nur eine von den sieben Zeiten (Präsens,

Imperfekt, Indefinido, Futur, Konditional, Perfekt und Plusquamperfekt) ausführlich erklärt. Unterwegs kommt es schließlich nicht auf hochliterarisch richtige Ausdrucksweise an, sondern lediglich darauf, sich mit möglichst wenig Mühe verständlich zu machen. Dieses Prinzip liegt allen Kauderwelsch-Bänden zugrunde.

Die richtige Reihenfolge

Die spanische Wortfolge unterscheidet sich in einigen wesentlichen Punkten von der deutschen. Damit das nachvollziehbar wird, gebe ich hier ein paar einfache Regeln und Satzbaumuster an. Außerdem hilft die **Wort-für-Wort-Übersetzung,** die unter den meisten Sätzen in grauer Schrift steht.

Die Hauptwörter

Geschlecht

Es gibt nur „männliche“ und „weibliche“ Hauptwörter (Substantive). Bei Personen gilt das natürliche Geschlecht, und sonst kann man es meist an der Wortendung erkennen. Ich verwende folgende Abkürzungen:

m = maskulin (männlich)
f = feminin (weiblich)
Ez = Einzahl
Mz = Mehrzahl

Artikel

Wie bei uns gibt es Artikel, bestimmte und unbestimmte. Natürlich nur für die zwei Geschlechter: männlich und weiblich. Allerdings unterscheiden die Spanier die Geschlechter auch in der Mehrzahl. Die Artikel stehen vor den Hauptwörtern.

bestimmte Artikel	männlich		weiblich	
Einzahl	**el**	der	**la**	die
Mehrzahl	**los**	die	**las**	die
unbestimmte Artikel				
Einzahl	**un**	ein	**una**	eine
Mehrzahl	**unos**	einige	**unas**	einige

männliche Hauptwörter

Sie enden meist auf **-o, -r, -l, -n.**

el libro	das Buch
un libro	ein Buch
los libros	die Bücher
unos libros	einige Bücher

weibliche Hauptwörter

Sie enden auf **-a, -d, -z** oder **-ión.**

la chica	das Mädchen
una chica	ein Mädchen
las chicas	die Mädchen
unas chicas	einige Mädchen

Hauptwörter auf -e

Sie können männlich oder weiblich sein.

la leche, *w*	die Milch
el cine, *m*	das Kino

wichtige Ausnahmen

la mano, *w*	die Hand
el avión, *m*	das Flugzeug
el día, *m*	der Tag
el camión, *m*	der Lastwagen
la flor, *w*	die Blume

Mehrzahl

Endet das Wort auf einen Vokal **(a, e, i, o, u)**, dann wird **„-s“** angehängt, sonst **„-es“.**

libro	Buch	**libros**	Bücher
ciudad	Stadt	**ciudades**	Städte

Die Eigenschaftswörter

Eigenschaftswörter (Adjektive) richten sich in Geschlecht und Zahl nach dem Hauptwort, auf das sie sich beziehen. Es gibt zwei Gruppen:

Adjektive auf -o

bilden eine weibliche Form auf **-a** und die Mehrzahlendungen lauten entsprechend **-os/-as.**

el libro pequeño *der Buch klein* das kleine Buch	**los libros pequeños** *die Bücher kleine* die kleinen Bücher
la camisa pequeña *die Hemd klein* das kleine Hemd	**las camisas pequeñas** *die Hemden kleine* die kleinen Hemden

Die übrigen Adjektive

haben nur eine Form für männlich und weiblich und bilden die Mehrzahlform auf **-es.**

el libro azul *der Buch blau* das blaue Buch	**los libros azules** *die Bücher blaue* die blauen Bücher
la camisa azul *die Hemd blau* das blaue Hemd	**las camisas azules** *die Hemden blaue* die blauen Hemden

Wie man oben gesehen hat, stehen Adjektive **nach** dem Hauptwort, also genau andersherum als im Deutschen. Manche können aber auch davor stehen und haben dann eine etwas verkürzte Form:

grande	*groß*	**un gran cantante**	ein großer Sänger
primero	*erste*	**el primer piso**	die erste Etage
ninguno	*kein*	**ningún chico**	kein Junge
alguno	*irgendein*	**algún coche**	irgendein Wagen
bueno	*gut*	**hace buen tiempo**	das Wetter ist gut
malo	*schlecht*	**hace mal tiempo**	das Wetter ist schlecht

Steigern und Vergleichen

Dazu braucht man nur das Wort más (mehr) und um zu übertreiben die Endung -ísimo. In der Mehrzahl immer ein **-s** anhängen!

männlich:	
caro	teuer
más caro	teurer
el más caro	der teuerste
carísimo	extrem teuer
weiblich:	
cara	teuer
más cara	teurer
la más cara	die teuerste
carísima	extrem teuer

más — mehr

Man kann damit Eigenschaftswörter steigern und Vergleichssätze bilden.

Manolo es más timido que Rolando. — **Vergleich**
Manolo ist mehr schüchtern als Rolando
Manolo ist schüchterner als Rolando.

Cecilia es la más hermosa de todos. — **Steigerung**
Cecilia ist die mehr schön von alle
Cecilia ist die schönste von allen.

muy **sehr**

Es steht zur Verstärkung bei Eigenschaftswörtern. Eine ähnliche Funktion hat die Endung **-ísimo/-a.**

Carmen es muy bella.
Carmen ist sehr schön.

Josefa es bellísima.
Josefa ist wunderschön.

mucho **viel**

Hiermit kann man Verben, die Gefühle ausdrücken, betonen und bei Hauptwörtern eine Menge angeben.

Verb **La ensalada me gusta mucho.**
die Salat mir (sie-)gefällt sehr
Der Salat schmeckt mir gut.

Mengenangabe **Tengo muchos amigos.**
(ich-)habe viele Freunde
Ich habe viele Freunde.

mucha gente
viel Volk
viele Leute

Die Verben in der Gegenwart

Die Grundform der spanischen Verben endet auf:

-ar	**hablar**	sprechen
-er	**comer**	essen
-ir	**vivir**	leben

Diese Grundform wird vor allem nach Hilfsverben gebraucht. Manchmal wird noch das Wörtchen **se** (sich) angehängt.

Personalendungen

Die Gegenwartsformen aller regelmäßigen Verben werden durch Anhängen einer bestimmten Endung an den Stamm gebildet. Dabei gibt es kleine Unterschiede je nach Endung der Grundform. Persönliche Fürwörter sind nicht notwendig.

hablar (-ar)

habl-o	ich spreche	**habl-amos**	wir sprechen
habl-as	du sprichst	**habl-áis**	ihr sprecht
habl-a	er, sie spricht	**habl-an**	sie sprechen

comer (-er)

com-o	ich esse	**com-emos**	wir essen
com-es	du isst	**com-éis**	ihr esst
com-e	er, sie isst	**com-en**	sie essen

vivir (-ir)

viv-o	ich lebe	**viv-imos**	wir leben
viv-es	du lebst	**viv-ís**	ihr lebt
viv-e	er, sie lebt	**viv-en**	sie leben

Klassenverben

Bei einigen Verben mit regelmäßigen Endungen verändert sich der Stamm. Davon betroffen sind nur die „stammbetonten" Formen der Gegenwart, d. h. die erste bis dritte Person Einzahl und die dritte Person Mehrzahl, weil dort nur eine Silbe angehängt wird und die Betonung daher auf dem Wortstamm liegt.

e des Stammes wird zu → **ie**	emp**e**zar	anfangen	
	empiezo		**empezamos**
	empiezas		**empezáis**
	empieza		**empiezan**
o des Stammes wird zu → **ue**	d**o**rmir	schlafen	
	duermo		**dormimos**
	duerme		**dormís**
	duermes		**duermen**

Weitere Verben dieser beiden Gruppen:

e → ie		o → ue	
pensar	denken	**encontrar**	finden, treffen
entender	verstehen	**volver**	zurückkommen
perder	verlieren	**almorzar**	zu Mittag essen
sentir	fühlen, bedauern	**probar**	versuchen
cerrar	schließen	**poder**	können, dürfen
preferir	vorziehen	**contar**	zählen, erzählen
querer	wollen, lieben	**morir**	sterben
sentarse	sich setzen	**soñar**	träumen
despertarse	aufwachen	**costar**	kosten

Unregelmäßige Verben

Besonders häufig gebrauchte Verben schleifen sich mit der Zeit ab und machen Veränderungen durch, die nicht den üblichen Regeln entsprechen. Sie sollten sich die Gegenwartsformen der folgenden Wörter gut einprägen.

	ir gehen	**tener** haben	**venir** kommen	**decir** sagen	**dar** geben
ich	**voy**	**tengo**	**vengo**	**digo**	**doy**
du	**vas**	**tienes**	**vienes**	**dices**	**das**
er/sie	**va**	**tiene**	**viene**	**dice**	**da**
wir	**vamos**	**tenemos**	**venimos**	**decimos**	**damos**
ihr	**vais**	**tenéis**	**venís**	**decís**	**dais**
sie	**van**	**tienen**	**vienen**	**dicen**	**dan**

Nebenstehende Verben sind nur in der ich-Form unregelmäßig, alle anderen Personen sind regelmäßig.

caer	**caigo**	ich falle
conocer	**conozco**	ich kenne
hacer	**hago**	ich mache
oir	**oigo**	ich höre
poner	**pongo**	ich stelle/lege
saber	**sé**	ich weiß
salir	**salgo**	ich gehe weg/aus
traer	**traigo**	ich bringe
ver	**veo**	ich sehe

conducir ist Beispiel für alle Verben auf **-cer/-cir**

conducir	**conduzco**	ich führe/leite

Es gibt im Spanischen zum Glück nur insgesamt 20 unregelmäßige Verben, von denen einige aber so selten gebraucht werden, daß ich sie hier nicht extra aufgeführt habe. Eine komplette Liste findet man in jedem guten Wörterbuch.

Aufforderungen

Die häufigsten Aufforderungen werden leider von den unregelmäßigen Verben abgeleitet. Daher gebe ich nur die einfachste (die höflichste) Form, nämlich in der Sie-Anrede, an. Spricht man mehrere Leute an, wird wie üblich einfach ein **-n** angehängt. Zur Verneinung setzt man **no** davor. An einige dieser Wörter kann man **-me** anfügen, was mir oder mich bedeutet.

venga	Kommen Sie!
tenga	Hier haben Sie!
diga(-me)	Sagen Sie (mir)!
haga(-me)	Machen Sie (mir)!
oiga	Hören Sie!
ponga	Stellen/Legen/Setzen Sie!
traiga(-me)	Bringen Sie (mir)!
sea	Seien Sie!
tome	Nehmen Sie!
disculpe	Entschuldigen Sie!
perdone(-me)	Vergeben Sie (mir)!

Die letzten drei Formen sind regelmäßig von tomar, disculpar und perdonar gebildet. Die Regel lautet:

Grundform	Aufforderung
ar	**-e**
-er	**-a**
-ir	**-a**

Noch einmal:

¡Venga!	Kommen Sie! *(Ez)*
¡Vengan!	Kommen Sie! *(Mz)*
¡No venga!	Kommen Sie nicht! *(Ez)*
¡No vengan!	Kommen Sie nicht! *(Mz)*

Die Anwendung der Formen

Wie wendet man diese vielen Verbformen nun an?

Einzahl - Mehrzahl

Genau wie bei den Hauptwörtern gibt es einen Unterschied für **eine** Person oder Sache im Gegensatz zu **mehreren.** Die Bildung der Form ist sehr einfach.

eine Person	Verbstamm	**llega**	er/sie kommt
mehrere Personen	Stamm + **n**	**llegan**	sie kommen

Anrede

Man unterscheidet eine familiäre und eine höfliche Anredeform. Junge Leute duzen sich eigentlich fast immer. In Geschäften und Ämtern, aber auch älteren Personen gegenüber verwendet man besser das entsprechende „höfliche Sie".

Für die höfliche Anrede können Sie glücklicherweise die gerade gelernten Formen verwenden, aber für die Duzform braucht man eine neue Regel.

Verbstamm	**viene**	Sie kommen (höfliches Sie; Ez.)
Stamm + **n**	**vienen**	Sie kommen (höfliches Sie; Mz.) ihr kommt
Stamm + **s**	**vienes**	du kommst

Mit dieser einfachen Regel kann man die Anredeformen aller Sätze in diesem Buch selbst verändern.

über sich selbst

Reden Sie über sich selber, oder über eine Gruppe, die zu Ihnen gehört, dann können Sie bei allen regelmäßigen Verben so vorgehen (dabei ist zu beachten, daß das **o** der ich-Form den letzten Vokal des Verbs unterdrückt, also **vivo** und nicht **vivio!**):

Verbstamm + **o**	**vivo**	ich lebe
Stamm + **mos**	**vivimos**	wir leben

Das Hilfsverb „sein“

Es gibt zwei Verben für das deutsche „sein“.

estar

estoy	ich bin	**estamos**	wir sind
estás	du bist	**estáis**	ihr seid
está	er/sie ist	**están**	sie sind

Es wird gebraucht für:

bestimmte Ortsangaben

El cine Asturias está en la calle de Alfonso.
der Kino Asturias ist in die Straße von Alfonso
Das Asturias-Kino ist in der Alfonsostraße.

körperliches Befinden, Krankheit, Stimmung

Maria está bien, pero Jorge tiene la tos.
Maria ist gut aber Jorge hat die Husten
Maria geht es gut, aber Jorge hat Husten.

vorübergehende Zustände

Estamos muy cansados.
(wir-)sind sehr müde
Wir sind sehr müde.

ser

soy	ich bin	**somos**	wir sind
eres	du bist	**sois**	ihr seid
es	er/sie ist	**son**	sie sind

Man verwendet es bei:

Beruf, Religion, Nationalität

Soy estudiante, Carlos es empleado.
(ich-)bin Student Carlos ist Angestellter
Ich bin Student, Carlos ist Angestellter.

Identifikation und Herkunft

Yo soy Vera Velázquez.
ich bin Vera Velázquez
Ich bin Vera Velázquez.

Soy de Murcia.
(ich-)bin von Murcia
Ich bin aus Murcia

Éste es mi perro/coche/amigo.
dieser (er-)ist mein Hund/Wagen/Freund
Das ist mein Hund/Wagen/Freund.

Charakter-eigenschaften (auch Farben etc.)

Isabel es muy simpática.
Isabel ist sehr sympathisch.

Pepe es divertido.
Pepe ist lustig.

La casa es blanca y pequeña.
die Haus ist weiß und klein
Das Haus ist weiß und klein.

Weitere Hilfsverben

hay	**es gibt**

wird bei Ortsangaben und zählbaren Dingen verwendet:

Ort + hay + Zahlwort + Ding

En la calle hay una farmacia.
in die Straße (man-)hat eine Apotheke
In der Straße gibt es eine Apotheke.

oder

Hay una farmacia en la calle.
(man-)hat eine Apotheke in die Straße
Es gibt eine Apotheke in der Straße.

Vergleiche die Anwendung von **está** mit bestimmtem Artikel:

Ort + está + Artikel + Ding

En la calle está la parada.
in die Straße (sie-)ist die Haltestelle
In der Straße ist die Haltestelle.

oder

La parada está en la calle.
die Haltestelle (sie-)ist in die Straße
Die Haltestelle ist in der Straße.

Beides ist richtig.

Hinter den folgenden Hilfsverben wird die Grundform des Verbs gebraucht. Das ist recht praktisch, wenn man nämlich die genaue Verbform vergessen hat, kann man einfach die Umschreibung mit einem passenden Hilfsverb wählen.

hay que — man muß

Hiermit bildet man unpersönliche Ausdrücke.

Hay que tomar la primera a la izquierda.
(man-)hat daß nehmen die erste zu die linke
Man muß die erste Straße links nehmen.

tener que — müssen

Dieses „müssen" ist persönlich. Wörtlich bedeutet tener que „haben daß".

tengo que bajar	ich muss aussteigen
tienes que bajar	du musst aussteigen
tiene que bajar	er/sie muss aussteigen
tenemos que bajar	wir müssen aussteigen
tenéis que bajar	ihr müsst aussteigen
tienen que bajar	sie müssen aussteigen

poder — dürfen, können

Bezeichnet eine Erlaubnis (dürfen) oder ein Können im Sinne von: „Ich kann ..., weil ich nicht daran gehindert werde."

puedo fumar aquí	ich darf hier rauchen
puedes	du darfst
puede	er/sie darf
podemos	wir dürfen
podéis	ihr dürft
pueden	sie dürfen

saber	wissen, können

Die Grundbedeutung ist „wissen".
Es bezeichnet aber auch eine Fähigkeit: „Ich kann ..., weil ich es gelernt habe."

sé tocar el piano	ich kann Klavier spielen
sabes	du kannst
sabe	er/sie kann
sabemos	wir können
sabéis	ihr könnt
saben	sie können

querer	wollen

Ist wie im Deutschen zu verwenden. Eine höflichere Form ist quería oder quisiera (ich möchte).

quiero ver la película	ich will den Film sehen
quieres	du willst
quiere	er/sie will
queremos	wir wollen
queréis	ihr wollt
quieren	sie wollen

ir a — werden

Hiermit drückt man etwas aus, was gleich geschehen wird (nahe Zukunft).
Wörtlich bedeutet ir a „gehen zu" und ist leider völlig unregelmäßig.

voy a escribir la carta	ich werde den Brief schreiben
vas	du wirst ...
va	er/sie wird ...
vamos	wir werden ...
vais	ihr werdet ...
van	sie werden ...

acabar de — gerade etwas getan haben

Hiermit drückt man eine gerade stattgefundene Handlung aus. Wörtlich „aufhören von".

acabo de llegar	ich bin gerade angekommen
acabas	du bist ...
acaba	er/sie ist ...
acabamos	wir sind ...
acabáis	ihr seid ...
acaban	sie sind ...

In Kürze: die anderen Zeiten

ayer	gestern
anteayer	vorgestern
antes	damals
la última vez	letztes Mal
anoche	gestern abend
todavía	noch
aún no	noch nicht
ya	schon
siempre	immer (noch)

la semana pasada
die Woche vergangen
letzte Woche

el mes/año pasado
der Monat/das Jahr vergangen
letzten Monat/ letztes Jahr

Es gibt viele Zeiten in der Vergangenheit, von denen ich nur eine erklären möchte, nämlich das **„indefinido“**. Man braucht es für Handlungen in der Vergangenheit. Leider kann man es nicht für Beschreibungen von Zuständen verwenden, aber ich denke, es wird fürs Erste reichen, wenn man erzählen kann, was man gemacht hat oder was passiert ist.
Die Endungen der Verben auf **-ar** unterscheiden sich von denen auf **-er/-ir.** Die unregelmäßigen Verbformen und die anderen Zeiten stehen in ausführlichen Grammatiken.

Ayer me compré un traje de baño.
gestern mir (ich-)kaufte ein Anzug von Bad
Gestern kaufte ich mir einen Badeanzug.

Recibí una carta de Andrés el miércoles.
(ich-)bekam eine Brief von Andrés der Mittwoch
Am Mittwoch bekam ich einen Brief von Andrés.

comprar (-ar)	kaufen	**comer (-er)**	essen
compr-é	ich kaufte	**com-í**	ich aß
compr-aste	du kauftest	**com-iste**	du aßt
compr-ó	er/sie kaufte	**com-ió**	er/sie aß
compr-amos	wir kauften	**com-imos**	wir aßen
compr-asteis	ihr kauftet	**com-isteis**	ihr aßt
compr-aron	sie kauften	**com-ieron**	sie aßen

Wie comer *verändern sich auch alle Verben auf* -ir.

Zukunft

mañana	morgen
pasado mañana	übermorgen
pronto	bald
más tarde	später
después	nachher
luego, entonces	dann
al final	schließlich
hoy	heute

la semana que viene
die Woche die kommt
nächste Woche

esta mañana/tarde/noche
diese Morgen/Abend/Nacht
heute Morgen/Abend/Nacht

Um die Zukunftsform so einfach wie möglich zu bilden, nimmt man das Verb in der Gegenwart und ein passendes Zeitwort aus der Liste von Seite 39.

Mañana voy a la discoteca.
morgen (ich-)gehe zu die Disko
Morgen gehe ich in die Disko.

El lunes que viene vamos a la capital.
der Montag der kommt (wir-)fahren zu die Hauptstadt
Nächsten Montag fahren wir in die Hauptstadt.

Die Fürwörter

Die persönlichen Fürwörter

In den bisherigen Kapiteln sind wir ohne sie ausgekommen, da sie nicht notwendiger Bestandteil eines Satzes sind. Viel wichtiger ist es, dass die Endung des Verbs stimmt. Zur Verstärkung und nach Präpositionen braucht man sie aber doch.

Einzahl		Mehrzahl	
yo	ich	**nosotros**	wir
tú	du	**vosotros**	ihr
él	er	**ellos**	sie *(m)*
ella	sie	**ellas**	sie *(f)*
usted	Sie *(höfl.)*	**ustedes**	Sie *(höfl.)*

Nach Verhältniswörtern wird yo und tú nicht gebraucht, stattdessen mí und ti. **Conmigo** (mit mir) und **contigo** (mit dir) sind Sonderformen des Verhältniswortes con (mit). Weitere Beispiele:

para mí	für mich
para ti	für dich
para él	für ihn
para nosotros	für uns
para ustedes	für Sie

wen? oder wem?

So genau wird da im Spanischen zum Glück nicht unterschieden. Es gibt nur **eine** Form. Sie steht grundsätzlich **vor** dem Verb. Ausnahmen gibt es bei Verwendung der Grundform eines Verbs und bei Aufforderungen. Dort werden diese Fürwörter angehängt und als ein Wort geschrieben. In der wörtlichen Übersetzung habe ich das durch Bindestriche markiert.

lo, los, la, las *stehen meist für Sachen,* le, les *für Personen.* lo *bedeutet auch „es".*

Einzahl		Mehrzahl	
me	mich, mir	**nos**	uns
te	dich, dir	**os**	euch
lo	ihn	**los**	sie (m)
la	sie	**las**	sie (f)
le	ihm, ihr, Ihnen	**les**	ihnen, Ihnen

Veo un árbol.
(ich-)sehe ein Baum
Ich sehe einen Baum.

Lo veo.
ihn (ich-)sehe
Ich sehe ihn.

Puedo verlo.
(ich-)kann sehen-ihn
Ich kann ihn sehen.

El camarero trae una sopa.
der Kellner bringt eine Suppe
Der Kellner bringt eine Suppe.

Me la trae.
mir sie (er-)bringt
Er bringt sie mir.

Tráigalo.
bringen(-Sie)-ihn
Bringen Sie es.

Tráigamelo.
bringen(-Sie)-mir-ihn
Bringen Sie es mir.

Démelo.
geben(-Sie)-mir-ihn
Geben Sie es mir.

La busco.
sie (ich-)suche
Ich suche sie.

Voy a buscarla.
(ich-)gehe zu suchen-sie
Ich werde sie suchen.

Me ves.
mich (du-)siehst
Du siehst mich.

¿No me das un beso?
nicht mir (du-)gibst ein Kuß
Gibst du mir keinen Kuß?

No lo/la entiendo.
nicht ihn/sie (ich-)verstehe
Ich verstehe ihn/sie nicht.

Rückbezügliche Fürwörter

Es gibt viele rückbezügliche Verben, die immer mit einem Fürwort gebraucht werden. Man erkennt sie an dem angehängten **-se** (sich) in der Grundform.

Nicht alle Verben, die im Spanischen rückbezüglich sind, sind es auch im Deutschen und umgekehrt. Beispiele: llamarse (heißen), quedarse (bleiben), levantarse (aufstehen), irse (weggehen). → „se" *bedeutet „sich" oder „man". Oft wird es auch zur Umschreibung einer Passiv-Form benutzt.*

sentarse	sich setzen
me siento	ich setze mich
te sientas	du setzt dich
se sienta	er/sie setzt sich
nos sentamos	wir setzen uns
os sentáis	ihr setzt euch
se sientan	sie setzen sich

Beatriz se lava las manos.
Beatriz sich wäscht die Hände
Beatriz wäscht sich die Hände.

Se habla alemán.
man spricht Deutsch
Man spricht Deutsch.

Se venden pisos aquí.
man (sie-)verkaufen Wohnungen hier
Hier werden Wohnungen verkauft.

¿Se puede fumar?
man darf rauchen?
Darf man rauchen?

Besitzanzeigende Fürwörter

Die besitzanzeigenden Fürwörter werden in Verbindung mit Hauptwörtern gebraucht. Immer wenn es um mehrere Gegenstände geht, wird ein **-s** angehängt. Zusätzlich passen sich nuestro und vuestro auch im Geschlecht dem Hauptwort an.

mi	mein	**nuestro/-a**	unser *(m/f)*
tu	dein	**vuestro/-a**	euer *(m/f)*
su	sein/ihr/ Ihr	**su**	ihr/Ihr

Hier nun einige Beispiele der einfachen Anwendung.

Einzahl	Mehrzahl
mi coche mein Auto	**mis coches** meine Autos
tu amigo dein Freund	**tus amigos** deine Freunde
nuestro piso unsere Wohnung	**nuestros pisos** unsere Wohnungen
nuestra relación unsere Beziehung	**nuestras relaciones** unsere Beziehungen
vuestro perro euer Hund	**vuestros perros** eure Hunde
su casa sein/ihr/Ihr Haus	**sus casas** seine/ihre/Ihre Häuser

„dies" und „das"

Man unterscheidet drei Entfernungsgrade.

esto	**dies (beim Sprechenden)**
este coche	dieser Wagen
esta chica	dieses Mädchen
estos señores	diese Herren
estas flores	diese Blumen

eso	**das da (beim Angeredeten)**
ese árbol	der Baum da
esa casa	das Haus da
esos hombres	die Männer da
esas rosas	die Rosen da

aquello	**jenes (entfernt vom Sprecher)**
aquel pueblo	jenes Dorf
aquella noche	jene Nacht
aquellos trenes	jene Züge
aquellas maletas	jene Koffer

Zu beachten ist, daß die Grundformen esto, eso, aquello *neutral sind und nicht direkt vor Hauptwörtern stehen dürfen:*

¿Qué es esto/eso/aquello?
Was ist dies/das/jenes?

Esto es un disco.
Dies ist eine Schallplatte.

aquí	hier
ahí	da
allí	dort

Der Satzbau

→ **Subjekt - Prädikat - Objekt** ist die normale Wortstellung im Spanischen, persönliche Fürwörter werden oft weggelassen.

(Yo)	**veo**	**a Sabine.**
(ich)	sehe	Sabine

Felisa	**vino**	**ayer.**
Felisa	kam	gestern

→ **Verneinung** und **Pronomen** stehen **vor dem Verb.**

No	**estoy**	**contento.**
nicht	*(ich-)bin*	*zufrieden*

Ich bin nicht zufrieden.

(Yo)	**te**	**quiero.**
ich	*dich*	*liebe*

Ich liebe dich.

No	**lo**	**encuentro.**
nicht	*es*	*(ich-)finde*

Ich finde es nicht.

→ **Zwei Verbformen** stehen **direkt zusammen.**

Antonio	**quiere comprar**	**un periódico.**
Antonio	*will kaufen*	*ein Zeitung*

Antonio will eine Zeitung kaufen.

El médico	**sabe hablar**	**alemán.**
der Arzt	*weiß sprechen*	*deutsch*

Der Arzt kann Deutsch sprechen.

Adjektive stehen nach dem Hauptwort:

Beachte: Die wörtliche Bedeutung von tomar *ist „nehmen“, bei Lebensmitteln heißt es aber auch „essen“ bzw. „trinken“.*

La chica rubia	**toma**	**café.**
die Mädchen blond	*nimmt*	*Kaffee*

Das blonde Mädchen trinkt Kaffee.

La chica morena	**toma**	**leche.**
die Mädchen dunkel	*nimmt*	*Milch*

Das dunkelhaarige Mädchen trinkt Milch.

Fragen

Jeder Fragesatz beginnt mit einem Fragezeichen, das auf dem Kopf steht. Man unterscheidet zwei Fragearten, nämlich die Entscheidungs- und die Ergänzungsfrage.

Entscheidungsfrage

Sie enthält kein spezielles Fragewort und wird im Allgemeinen nur mit ja oder nein beantwortet. Von einer Aussage unterscheidet sie sich durch die Tonlage, d. h. die Stimme steigt zum Satzende an. Im Unterschied zum Deutschen ändert sich die Wortstellung nicht.

Aussage **El tren llega a la una y veinte.**
der Zug kommt um die eins und zwanzig
Der Zug kommt um 13.20 Uhr.

Frage **¿El tren llega a la una y veinte?**
der Zug kommt um die eins und zwanzig
Kommt der Zug um 13.20 Uhr?

Ergänzungsfrage

Das sind Fragen mit Fragewörtern. Als Antwort reicht ja oder nein nicht aus, es wird eine genaue Angabe (Ergänzung) erwartet.

qué	was	**cuándo**	wann
quién	wer	**dónde**	wo
cuál	welcher	**de dónde**	woher
cómo	wie	**adónde**	wohin
por qué	warum	**cuántos/-as**	wieviele

Hier einige Beispiele mit möglichen Antworten:

¿Qué es esto?
was ist dies
Was ist das hier?

¿Qué es eso?
was ist das
Was ist das da?

¿Qué es aquello?
was ist jenes
Was ist das dort?

¿Cómo te llamas?
wie dich (du-)rufst
Wie heißt du?

Me llamo O'Niel.
mich (ich-)rufe O'Niel
Ich heiße O'Niel.

typische Fragen

¿Dónde vives?
wo (du-)lebst
Wo lebst Du?

Vivo en Alemania.
(ich-)lebe in Deutschland
Ich lebe in Deutschland.

¿Cuándo llega el autobús para Madrid?
wann (er-)kommt der Bus für Madrid
Wann kommt der Bus nach Madrid?

En diez minutos.
in zehn Minuten
In zehn Minuten.

¿Adónde vas mañana?
wohin (du-)gehst morgen
Wohin fährst du morgen?

Al puerto de Cádiz.
zum Hafen von Cadiz
Zum Hafen von Cadiz.

¿Por qué estás aquí?
für was (du-)bist hier
Warum bist Du hier?

Estoy de vacaciones.
(ich-)bin von Ferien
Ich mache hier Ferien.

¿Qué reloj te gusta más?
was Uhr dir (er-)gefällt mehr
Welche Uhr gefällt dir besser?

Él de la izquierda.
der von die links
Die links.

Die Verneinung

no — nein/nicht

No bedeutet sowohl nein als auch nicht/kein. Als Verneinung steht es immer **vor** einem Verb.

¿Me acompañas?
mich (du-)begleitest
Begleitest du mich?

No.
nein
Nein.

No tengo tiempo.
nicht (ich-)habe Zeit
Ich habe keine Zeit.

¿No tienes ganas?
nicht (du-)hast Lust
Hast du keine Lust?

nada/nadie — nichts/niemand

Vor dem Verb steht no, dahinter folgt nada und nadie.
Die doppelte Verneinung hebt sich **nicht** gegenseitig auf!

No veo nada.
nicht (ich-)sehe nichts
Ich sehe nichts.

No viene nadie.
nicht kommt niemand
Es kommt niemand.

Die Verhältniswörter

a	zu, nach	**entre**	zwischen
ante	vor	**hacia**	bis *(örtlich)*
con	mit	**hasta**	bis *(zeitlich)*
contra	gegen	**para**	für
de	von	**por**	durch
desde	seit	**según**	gemäß
durante	während	**sin**	ohne
en	in, an, auf	**sobre**	auf, über

Die drei wichtigsten und häufigsten Verhältniswörter (Präpositionen) sind a, de *und* en:

a — zu

Wird meistens als Angabe des Ziels verwendet. Zu beachten ist: **a + el** wird **al**, genau wie im Deutschen: zu + dem wird zum. Bei den anderen Artikeln tritt diese Verschmelzung nicht auf, d. h. a la, a los, a las sind immer zwei Wörter.

Richtung

Vamos a España.
(wir-)gehen zu Spanien
Wir fahren nach Spanien.

Viajo a Madrid.
(ich-)reise zu Madrid
Ich reise nach Madrid.

Person als Objekt (wen?), entfällt bei Dingen

Busco a Diego.
(ich-)suche zu Diego
Ich suche Diego.

Busco mi camisa.
(ich-)suche mein Hemd
Ich suche mein Hemd.

Zeitpunkt

La película empieza a las diez.
die Film beginnt zu die zehn
Der Film fängt um 10.00 Uhr an.

en — in

Die meisten Ortsangaben werden mit en gebildet. Der Unterschied zwischen **en** (Ort) und **a** (Richtung) ist sehr wichtig. Man darf diese beiden Wörter nicht verwechseln!

Ort

Estoy en casa.
(ich-)bin in Haus
Ich bin zu Hause.

Almuerzo en el bar.
(ich-)mittagesse in der Bar
Ich esse in der Bar zu Mittag.

El bar ist übrigens eine „Kneipe", in der es oft auch etwas zu essen gibt.

Verkehrsmittel

Viajo en tren.
(ich-)reise in Zug
Ich fahre mit dem Zug.

Voy en avión.
(ich-)gehe in Flugzeug
Ich fliege.

zukünftige Zeit

Venimos en tres días/en dos horas.
(wir-)kommen in drei Tage/in zwei Stunden
Wir kommen in drei Tagen/in zwei Stunden.

de — von

Mit Hilfe von de kann man zusammengesetzte Hauptwörter bilden. Außerdem bezeichnet es Besitz und Zugehörigkeit. Auch hier verschmilzt **de** mit **el** zu **del**, während de la, de los, de las getrennt bleiben.

Zusammensetzung

una tienda de bolsos
eine Laden von Taschen
ein Taschengeschäft

una chaqueta de piel
eine Jacke von Leder
eine Lederjacke

Zugehörigkeit	**el coche de Paco** *der Wagen von Paco* Pacos Wagen	**la madre de Antonio** *die Mutter von Antonio* Antonios Mutter

Herkunft

Soy de Burgos.
(ich-)bin von Burgos
Ich komme aus Burgos.

Soy de Alemania.
(ich-)bin von Deutschland
Ich komme aus Deutschland.

typisches Merkmal

el balcón de las flores
der Balkon von die Blumen
der Balkon mit den Blumen

éste del bigote
dieser vom Bart
der mit dem Bart

Einige Präpositionen bestehen aus mehreren Wörtern:

a la derecha de	rechts	**delante de**	vor *(örtl.)*
a la izquierda de	links	**después de**	nach *(zeitl.)*
al lado de	neben	**encima de**	über
antes de	vor	**enfrente de**	gegenüber
cerca de	nahe	**fuera de**	außerhalb
debajo de	unter	**lejos de**	weit weg

Die Bindewörter

y	und	**aunque**	obwohl
o	oder	**porque**	weil
pero	aber	**que**	dass, als, das
sino	wenn nicht	**si**	ob, wenn
cuando	als *(zeitl.)*	**es decir**	das heißt

que wird für Erläuterungen, die sich auf nur ein Wort beziehen, in der indirekten Rede und bei Vergleichen verwendet. Es gibt keinen Unterschied zwischen das und dass! Beispiele:

la camisa que quiero comprar
die Hemd die (ich-)will kaufen
das Hemd, das ich kaufen will

Erläuterung

Pienso que Miguel es muy amable.
(ich-)denke daß Miguel ist sehr freundlich
Ich denke, dass Miguel sehr freundlich ist.

indirekte Rede

Tú eres más guapa que mi hermana.
du bist mehr schön als meine Schwester
Du bist schöner als meine Schwester.

Vergleich

Alle anderen Bindewörter (Konjunktionen) benutzt man wie im Deutschen.

Zahlen und zählen

Beachte:
* uno *vor einem Hauptwort wird zu* un *(m) oder* una *(f) auch in Zusammensetzungen (d. h. auch in 21, 31, 41 ...)*

0	cero	21	veintiuno
1	uno*	22	veintidós
2	dos	23	veintitrés
3	tres	24	veinticuatro
4	cuatro	25	veinticinco
5	cinco	26	veintiséis
6	seis	27	veintisiete
7	siete	28	veintiocho
8	ocho	29	veintinueve
9	nueve	30	treinta
10	diez	31	treinta y uno
11	once	32	treinta y dos
12	doce	33	treinta y tres
13	trece	40	cuarenta
14	catorce	41	cuarenta y uno
15	quince	42	cuarenta y dos
16	dieciséis	50	cincuenta
17	diecisiete	60	sesenta
18	dieciocho	70	setenta
19	diecinueve	80	ochenta
20	veinte	90	noventa

Die Zahlen zwischen 30 und 100 bildet man so: zuerst die Zehnerzahl, dann „y" und schließlich die Einerzahl.

Beispiel: **36 = treinta y seis**

100	cien(to)	600	seiscientos
200	doscientos	700	setecientos
300	trescientos	800	ochocientos
400	cuatrocientos	900	novecientos
500	quinientos	1000	mil

2001 = dos mil uno

Steht ciento vor einem Hauptwort, wird es zu cien verkürzt. Beispiel 100 Autos = cien coches. In Verbindung mit weiblichen Substantiven enden die Hunderterzahlen auf **-as.** Beispiel: 500 Peseten = quinientas pesetas.

Ordnungszahlen

primero	erster
segundo	zweiter
tercero	dritter
cuarto	vierter
quinto	fünfter
sexto	sechster
séptimo	siebter
octavo	achter
noveno	neunter
décimo	zehnter
último	letzter

Vor männlichen Hauptwörtern entfällt das **-o** *von* primero *und* tercero, *z. B.* primer piso (1. Etage).

Mengen

un kilo	ein Kilo
medio kilo	ein halbes Kilo
cien gramos	hundert Gramm
un litro	ein Liter
una botella	eine Flasche
un paquete	ein Paket
una docena	ein Dutzend

una botella de vino
eine Flasche von Wein
eine Flasche Wein

un litro de leche
ein Liter von Milch
ein Liter Milch

Zusammen mit Dingen wird **„de“** (von) *eingeschoben.*

Uhrzeit/Datum

Man benutzt nur das sogenannte 12-Stunden-System. Damit es aber nicht zu Verwirrungen kommt, gibt es folgende Zusätze:

de la mañana	vormittags
de la tarde	nachmittags
de la noche	abends, nachts

Zur Einteilung des Tages siehe Kapitel „sich begrüßen“, Seite 69!

¿Qué hora es?
was Stunde (sie-)ist
Wie spät ist es?

¿Qué hora tienes?
was Stunde (du-)hast
Wie spät hast du es?

y	nach	**cuarto**	Viertel
menos	vor	**media**	halb

Und hier nochmal die Zahlen bis 12:

una	**1**	**siete**	**7**
dos	**2**	**ocho**	**8**
tres	**3**	**nueve**	**9**
cuatro	**4**	**diez**	**10**
cinco	**5**	**once**	**11**
seis	**6**	**doce**	**12**

Es la una.
(sie-)ist die eins
Es ist 1.00/13.00.

Son las tres y cuarto.
(sie-)sind die drei und Viertel
Es ist 3.15/15.15.

Son las nueve menos cuarto.
(sie-)sind die neun minus Viertel
Es ist 8.45/20.45.

Son las cinco y media.
(sie-)sind die fünf und halbe
Es ist 5.30/17.30.

Son las once y veinticinco.
(sie-)sind die elf und fünfundzwanzig
Es ist 11.25/23.25.

¿A qué hora vienes?
zu was Stunde (du-)kommst
Wann kommst du?

¿Cuándo llega el avión?
wann (er-)ankommt der Flugzeug
Wann kommt das Flugzeug an?

A la una.	Um ein Uhr.
A las dos, tres, ...	Um zwei, drei, ... Uhr.

Bei allen Zeitangaben wird der weibliche Artikel gebraucht: **la** (bei Zahlen mit 1) und **las** (bei den anderen Zahlen). Ursprünglich hieß es nämlich einmal:

la una hora	(= die eine Stunde)
las dos/tres horas	(= die zwei/drei Stunden)

Wochentage

lunes	Montag
martes	Dienstag
miércoles	Mittwoch
jueves	Donnerstag
viernes	Freitag
sábado	Samstag
domingo	Sonntag

„**el**" vor einem Wochentag bedeutet „am". Also z. B. el jueves = am Donnerstag (wörtl.: der Donnerstag).

Monate

enero	Januar
febrero	Februar
marzo	März
abril	April
mayo	Mai
junio	Juni
julio	Juli
agosto	August
septiembre	September
octubre	Oktober
noviembre	November
diciembre	Dezember

Dto TRACCION DIESEL MADRID-
GRUA 703
LAS MATAS
SA206ST

COUSTEAU

Auf den folgenden Seiten finden Sie umgangssprachliche allgemeine Floskeln und Redewendungen, die eigentlich in jedem Gespräch vorkommen. Viele davon werden Sie am Anfang nicht verwenden, aber wer diese Ausdrücke von Spaniern hört, sollte sie auch verstehen können. Oft habe ich mehrere Sätze aufgeschrieben, die das gleiche oder fast das gleiche bedeuten. Zuerst reicht es natürlich, wenn Sie nur einen Ausdruck lernen und die anderen später, um dann einige Auswahlmöglichkeiten zu haben.

Falls Sie einen bestimmten Satz, den Sie gerade brauchen, hier nicht finden, müssen Sie improvisieren und einen ähnlichen nehmen. Denn es ist natürlich nicht möglich, alle eventuell vorkommenden Sätze einer Unterhaltung in einem Büchlein von ca. 150 Seiten Umfang aufzuschreiben.

Wer aber meint, ich habe einen extrem wichtigen Satz oder eine Formulierung ausgelassen, der setze sich mit mir über die Verlagsadresse in Verbindung.

Und nun viel Spaß bei Ihren ersten Gesprächen!

Kurz-Knigge

Da es Ihnen ja darum geht, nicht nur das Land kennenzulernen, sondern auch „amigos“ zu gewinnen, hier ein kleiner Wegweiser dafür.

Kritisieren Sie nicht alles, was von der deutschen Lebensform abweicht, sonst entsteht der Eindruck, Sie wären eingebildet und überheblich. Spanier reagieren dann zu Recht mit verletztem Stolz.

Die Anrede „tú“ ist weiter verbreitet als das deutsche „du“. Vermeiden Sie es deshalb, zu oft „usted“ zu gebrauchen, denn damit vermitteln Sie Ihrem Gesprächspartner ein Gefühl von unpersönlicher Distanz.

Spanier knüpfen viel schneller Kontakte, als wir es gewohnt sind. Das kann man ruhig nachmachen und von sich aus anfangen, etwas zu erzählen. Allerdings wird der leicht als aufdringlich und besserwisserisch empfunden, der unaufgefordert sog. „gutgemeinte Ratschläge“ gibt.

Ein Spanier formuliert seine Wünsche meist als zaghaften Vorschlag oder Frage und erwartet, daß auch der Fremde nicht etwa seinen Willen mit dem Unterton ausdrückt „ich mache jetzt dies und das, und wenn du willst kannst du ja mitmachen.“

Es gilt als äußerst unhöflich und verletzend, einen Vorschlag strikt abzulehnen. Der Spanier sagt eher, er wolle mal sehen, was sich machen lässt, oder dass er es mal versuchen will. Das darf man aber nicht als Zusage auffassen.

Spanier neigen viel mehr zu positiven Ausdrücken, auch wenn das für uns übertrieben oder unehrlich wirken kann. So bedeutet z. B. „muy bien" (sehr gut) auch, je nach Stimmung des Sprechers, dass er etwas zwar versteht und akzeptiert, aber eigentlich eine ganz andere Meinung hat.

Es ist nicht üblich, alles im Voraus auf die Minute genau zu planen oder zu Verabredungen pünktlich zu kommen. Wenn man abends ausgehen will, wird vorher meist nicht festgelegt, wer wann wohin geht, sondern man improvisiert. Planung wird oft als Einschränkung empfunden.

In Kirchen sind kurze Hosen, Miniröcke u. Ä. nicht zugelassen. Frauen müssen dort eine Kopfbedeckung tragen und die Schultern bedeckt haben. Diese Vorschriften nicht zu beachten, gilt als Respektlosigkeit und kann einen Rausschmiss zur Folge haben.

Das geschriebene Wort gilt im Allgemeinen weniger, als das gesprochene. Es ist deshalb immer besser, jemanden zu fragen, der sich auskennt, als irgendeinem veralteten Schriftstück zu glauben. Die Bürokratie ist zwar sehr ausgedehnt, doch lässt sich in fast allen Situationen immer noch „etwas machen".

Gesten und Handzeichen

Ich empfehle, diese Handzeichen nicht auszuprobieren, denn die meisten bedeuten etwas negatives und auch in der Körpersprache gibt es verschiedene Dialekte. Beim Gespräch übrigens schaut man den anderen intensiv an, um nicht zu signalisieren „du langweilst mich".

Der Unterarmschlag wird wie in Deutschland, als Zeichen von Kraft und Potenz gebraucht.

Mit einem Finger das Augenlid herunterziehen bedeutet eine Warnung: „Pass bloß auf!"

Daumen, Zeige- und Mittelfinger zusammengelegt und nach oben gerichtet entspricht einer

Mengenangabe „viel“ oder einer Verstärkung der gesprochenen Aussage.

Die geballte Faust und den Daumen unter dem Zeigefinger durchgesteckt bedeutet „du Schlappschwanz“.

Mit Daumen und Zeigefinger leicht an den Wangen streicheln heißt „ganz gut, was du da machst“, also eine versteckte Anerkennung.

Den gestreckten Zeigefinger auf der Wange drehen meint „homosexuell“.

Ausgestreckter Zeige- und kleiner Finger werden als Spottgeste für „gehörnter Ehemann“ gebraucht. Schwere Beleidigung!

Nichts verstanden?

Sprechen Sie Deutsch?	**¿Habla usted alemán?** *(er-/sie-)spricht Sie Deutsch*
Sprechen Sie Spanisch?	**¿Habla usted castellano?** *(er-/sie-)spricht Sie Spanisch*
Nein, tut mir Leid.	**No, lo siento.** *nein ihn (ich-)bedauere*
Wie bitte?	**¿Cómo dice?** *wie (er-/sie-)sagt?*
Nur ein bisschen.	**Sólo un poquito.** *nur ein wenigchen*
Verstehen Sie? – Ich verstehe.	**¿Comprende usted? – Comprendo.** *verstehen Sie? – (ich-)verstehe*
Ich verstehe nicht.	**No lo entiendo.** *nicht ihn (ich-)verstehe*
Bitte etwas langsamer.	**Más despacio, por favor.** *mehr langsam für Gefallen*
Würden Sie das bitte wiederholen?	**¿Puede repetir, por favor?** *(er-/sie-)kann wiederholen für Gefallen*
Was bedeutet „zapato"?	**¿Qué quiere decir „zapato"?** *was (er-/sie-)will sagen "Schuh"?*

Floskeln und Redewendungen

sich begrüßen

Hallo!	**¡Hola!**	
Tag!	**¡Buenas!**	
Du kommst gerade richtig.	**Llegas a punto.** *(du-)kommst zu Punkt*	
Was machst du denn hier?	**¿Qué haces tú por aquí?** *was (du-)machst du für hier*	
Guten Morgen.	**Buenos días.** *gute Tage*	*Bis zum Mittag sagt man* „buenos días", *danach bis zur Dämmerung* „buenas tardes" *und nach dem Dunkelwerden* „buenas noches".
Guten Tag.	**Buenas tardes.** *gute Nachmittage*	
Guten Abend/Nacht.	**Buenas noches.** *gute Nächte*	

sich verabschieden

Auf Wiedersehen.	**Adiós.**
Tschüß.	**Chao.**
Gute Reise.	**Buen viaje.**
Ich gehe jetzt.	**Entonces me voy.** *dann mich (ich-)gehe*

Tengo que irme.
(ich-)habe daß gehen-mich
Ich muss gehen.

Ahora salgo.
jetzt (ich-)rausgehe
Ich gehe jetzt.

Me largo.
mich (ich-)entferne
Ich haue ab.

Hasta la vista.
bis die Sicht
Auf Wiedersehen.

Hasta mañana. Bis morgen.
Hasta más tarde. Bis später.
Hasta después. Bis nachher.

Hasta pronto. Bis bald.
Hasta luego. Bis dann.

Recuerdos a ...
Grüße an ...

Saludos a ...
Grüße an ...

sich entschuldigen

Entschuldigung. **Perdone.**

Verzeihung. **Disculpe.**

Entschuldigen Sie die Störung. **Disculpe la interrupción.**
entschuldigen(-Sie) die Unterbrechung

Tut mir wirklich Leid. **Lo siento de veras.**
ihn (ich-)bedauere von Wahrheit

Es war keine Absicht. **No era a propósito.**
nicht (er-/sie-)war zu Absicht

Es ist nicht meine Schuld.	**No es culpa mía.** *nicht (sie-)ist Schuld meine*
Ich kann es erklären.	**Te lo puedo explicar.** *dir ihn (ich-)kann erklären*
Was ich meine, ist ...	**Lo que quiero decir es ...** *ihn daß (ich-)will sagen (er-/sie-)ist*
Das geht dich nichts an.	**No te importa nada.** *nicht dich (er-/sie-)bedeutet nichts*
Das heißt ...	**Es decir ...** *(er-/sie-)ist sagen*
Das ist doch lächerlich.	**Es para reir.** *(er-/sie-)ist für lachen*
Macht nichts.	**No es nada.** *nicht (er-/sie-)ist nichts*
Keine Ursache.	**No hay de qué.** *nicht (man-)hat von was*
Schon gut.	**Está bien.** *(er-/sie-)ist gut*

Wie geht's?

Wie geht's?	**¿Qué tal?** *was solcher*
Wie geht es dir?	**¿Cómo estás?** *wie (du-)bist*
Wie geht es Ihnen?	**¿Cómo le va?** *wie ihm (er-/sie-)geht*

Wie geht es Ihnen?	**¿Cómo está usted?** *wie (er-/sie-)ist Sie*
Ich bin krank.	**Estoy enfermo.** *(ich-)bin krank*
Schlecht.	**Mal.**
Erbärmlich.	**Lamentable.**
Elendst.	**Miserable.**
Wie immer.	**Como siempre.**
Gut.	**Bien.**
Sehr gut.	**Muy bien.**
Ganz gut.	**Bastante bien.**
Es geht so.	**Así así.** so so
Besser.	**Mejor.**
Viel besser.	**Mucho mejor.**
Ausgezeichnet.	**Excelente.**
Fantastisch.	**Fantástico.**

berichten

Man hat mir erzählt ...	**Oye, me han contado ...** *hör mir (sie-)haben erzählt*
Weißt du schon das Neueste?	**¿Sabes lo último?** *(du-)weißt der letzte*
Weißt du, dass ... ?	**¿Sabes que ... ?** *(du-)weißt dass*
Man sagt, dass ...	**Dicen que ...** *(sie-)sagen dass*

Es scheint, dass ...	**Parece que ...** *(er-/sie-)scheint dass*
Man hat mir gesagt, dass ...	**Me han dicho que ...** *mir (sie-)haben gesagt dass*
Ich habe erfahren, dass ...	**Me enteré de que ...** *mich (ich-)informierte von dass*
Weißt du es schon?	**¿Ya conoces la novedad?** *schon (du-)kennst die Neuigkeit*

meinen

Ich denke, dass ...	**Yo pienso que ...**
Meine Meinung ist, dass ...	**Mi opinión es que ...**
Meiner Meinung nach ...	**En mi opinión ...** *in meine Meinung*
Mir scheint ...	**A mi me parece que ...** *zu mir mich (er-/sie-)scheint dass*
Ich habe den Eindruck, dass ...	**Tengo la impresión de que ...** *(ich-)habe die Eindruck von dass*
Also, ich glaube, dass ...	**Bueno, creo que ...** *gut (ich-)glaube dass*
Jetzt werde ich dir mal was sagen.	**Ahora te voy a decir algo.** *jetzt dir (ich-)gehe zu sagen etwas*

zustimmen

Tienes razón.
(du-)hast Vernunft
Du hast Recht.

Estoy de acuerdo.
(ich-)bin von Einigung
Ich stimme dem zu.

Eso se puede decir.
dies man kann sagen
Das kann man wohl sagen.

En efecto.
in Wirkung
Durchaus.

Es exacto.
(er-/sie-)ist genau
Das stimmt.

Pero que sí.
aber dass ja
Aber ja.

Claro. Klar.
Seguro. Sicher.
Es verdad. Das ist wahr.

verneinen

Das ist falsch. **Es falso.**
(er-)ist falsch

Das ist nicht wahr. **No es verdad.**
nicht (sie-)ist Wahrheit

Überhaupt nicht. **No en absoluto.**
nein in unbedingt

Das stimmt überhaupt nicht. **No hay nada verdadero.**
nicht (man-)hat nichts Wahres

Auf keinen Fall.	**En ningún caso.**
Du lügst.	**Tú mientes.**
Ich glaube dir kein Wort.	**No te creo ni una palabra.** *nicht dir (ich-)glaube nicht ein Wort*
So ist das nicht.	**No es así.** *nicht (er-/sie-)ist so*
Sie irren sich.	**Está equivocado.** *(er-/sie-)ist geirrt*

überzeugen

Das kannst du mir glauben.	**Me lo puedes creer.** *mir ihn (du-)kannst glauben*
Aber hör doch mal.	**Pero escucha.** *aber hör*
Es ist klar ...	**Es evidente que ...** *(er-/sie-)ist offensichtlich dass*
Zweifellos.	**No hay duda.** *nicht (man-)hat Zweifel*
Ich bin überzeugt, dass ...	**Estoy convencido de que ...** *(ich-)bin überzeugt von dass*
Aber ja ...	**Que sí ...** *dass ja ...*

widersprechen

Glaubst du das wirklich?	**¿Lo piensas de veras?** *ihn (du-)glaubst von Wahrheit*
Das kannst du nicht sagen.	**No puedes decirlo.** *nicht (du-)kannst sagen-ihn*
Was erzählst du denn da!	**Pero, ¡qué me cuentas!** *aber was mir (du-)erzählst*
Das glaube ich dir nicht.	**No te lo creo.** *nicht dir ihn (ich-)glaube*
Ich bin dagegen.	**Estoy en contra.** *(ich-)bin in gegen*
Ich akzeptiere nicht, dass ...	**No acepto que ...** *nicht (ich-)hinnehme dass ...*
Mach keine Witze.	**Haces chistes.** *(du-)machst Witze*
Was du nicht sagst!	**¡Qué dices!** *was (du-)sagst*
Du redest Unsinn.	**Me cuentas tonterías.** *mir (du-)erzählst Dummheiten*
Blödsinn!	**¡Qué barbaridad!** *welche Barbarei!*
Du spinnst wohl.	**Estás chiflado.** *(du-)bist übergeschnappt*
Du bist verrückt.	**Estás loco/loca.** *(du-)bist verrückt(m/f)*

anzweifeln

Das ist doch nicht dein Ernst.	**No hablas en serio.** *nicht (du-)sprichst in Ernst*
Mach keine Witze.	**No hagas bromas.** *nicht mach Scherze*
Mir kannst du das nicht weismachen!	**¡Cuéntalo a los otros!** *erzähl-ihn zu die anderen*
Das würde mich sehr wundern.	**Eso me extrañaría mucho.** *dies mich (er-/sie-)würde-wundern viel*
Das glaube ich nicht.	**No lo creo.** *nicht ihn (ich-)glaube*
Das bezweifle ich.	**Lo dudo.** *ihn (ich-)zweifle*
Ich frage mich, ob ...	**Me pregunto si ...** *mich (ich-)frage ob*
Das verstehe ich nicht.	**No puedo comprenderlo.** *nicht (ich-)kann verstehen-ihn*
Er macht sich lächerlich.	**Hace el ridículo.** *(er-)macht der Lächerliche*

sich begeistern

Das ist verrückt.	**¡Qué bien!**
Das ist toll!	**¡Es loco!**
Das ist Spitze.	**Es estupendo.**
Das ist schön.	**Es hermoso.**
Das ist super.	**Es súper.**
Klasse!	**¡De primera!**

sich freuen

Ich bin wahnsinnig froh.	**Estoy loco de alegría.** *(ich-)bin verrückt von Freude*
Das freut mich.	**Esto me complace.** *dies mich freut*
Ich bin zufrieden.	**Estoy muy contento.** *(ich-)bin sehr zufrieden*
Ich bin echt entzückt.	**Estoy muy encantado.** *(ich-)bin entzückt*

wünschen

Ich möchte so gern ...	**Tengo muchas ganas de ...** *(ich-)habe viele Lüste von ...*
Ich hätte größte Lust zu ...	**Tengo inmensas ganas de ...** *habe unheimliche Lüste von ...*
Wenn ich ... könnte.	**¡Ah! Si podría ...**
Ich träume von ...	**Sueño con ...**
Ich hoffe, du kommst bald.	**Espero que vengas pronto.** *(ich-)hoffe dass (du-)kommst bald*
Ich würde so gerne ...	**Me gustaría tanto ...** *mir würde-gefallen soviel ...*
Hoffentlich!	**¡Ojalá ... !** *oh-Allah ... !*

jemanden einladen/etwas vorschlagen

Gehen wir ...	**Vamos a ...**
Würde es dir gefallen ...?	**¿Te gustaría ... ?** *dir würde-gefallen ... ?*
Hast du Lust zu ... ?	**¿Tienes ganas de ... ?** *hast Lüste von ... ?*
Interessiert es dich ... ?	**¿Te interesaría ... ?** *dich würde-interessieren ... ?*
Wir könnten ... Möchtest du ... ?	**Podríamos ...** **¿Quieres ... ?**
Ich schlage vor ...	**Te propongo ...** *dir (ich-)vorschlage ...*
Was meinst du, wenn ... ?	**¿Qué piensas si ... ?** *was (du-)denkst wenn ... ?*
Was hältst du davon ... ?	**¿Qué te parece si ... ?** *was dir scheint wenn ... ?*
Komm, ich lade dich ein.	**Ven, te invito.** *komm dich (ich-)einlade*
Gehn' wir, Mädchen/Junge.	**Vámonos, chica/chico*.**
Was machst du heute Nachmittag/Nacht?	**¿Qué haces esta tarde/noche?** *was (du-)machst diese/r Nachmittag/Nacht?*

*chica *und* chico *werden unabhängig vom Alter gebraucht, auch für Erwachsene und Greise.*

Was machst du heute Nachmittag/Nacht?	**¿Qué haces esta tarde/noche?** *was (du-)machst dieser Nachmittag/Nacht*
Kann ich dich nach Hause bringen?	**¿Puedo acompañarte a casa?** *(ich-)kann begleiten-dich zu Haus?*
Willst du mit zu mir kommen?	**¿Quieres que te lleve a mi casa?** *(du-)willst daß dich (ich-)bringe zu meine Haus?*
Sollen wir noch ein bißchen spazieren gehen?	**¿Vamos a darnos un pequeño paseo?** *(wir-)gehen zu geben-uns ein kleiner Spaziergang?*

Vorschlag annehmen

In Ordnung.	**De acuerdo.**
Gut.	**Bien.**
Gerne.	**Con mucho gusto.** *mit viel Gefallen*
Einverstanden.	**Vale.**
Warum nicht?	**¿Por qué no?**
Na klar.	**Claro que sí.**
Sicher.	**Seguro.**
Natürlich.	**Naturalmente.**
Gute Idee.	**Es una buena idea.**
Das wäre phantastisch.	**Eso sería fantástico.**
Ich bin dafür.	**Estoy en favor.**

bedauern/ablehnen

Nein danke.	**No gracias.**
Ich habe keine Lust.	**No tengo ganas.** *nicht habe Lüste*
Damit kann ich nichts anfangen.	**Eso no me dice nada.** *das mir sagt nichts*
Das ist nicht möglich.	**No es posible.** *nicht ist möglich*
Es geht nicht.	**Es imposible.** *ist unmöglich*
Ich will nicht.	**No quiero.** *nicht (ich-)will*
Tut mir sehr Leid.	**Lo siento mucho.** *es (ich-)bedaure sehr*
Kommt nicht in Frage.	**De eso nada.** *von diesem nichts*
Ich komme nicht mit.	**No te acompaño.** *nicht dich (ich-)begleite*
Das ist deine Sache.	**Es tu problema.** *ist dein Problem*

unsicher sein

Ich weiß nicht, was tun.	**No sé qué hacer.** *nicht (ich-)weiß was tun*
Das verwirrt mich.	**Eso me deja confuso.** *das mich lässt verwirrt*
Ich bin total verwirrt.	**Estoy confundido.** *(ich-)bin durcheinander*
Ich weiß nicht, was ich machen soll.	**Estoy desorientado.** *(ich-)bin verwirrt*
Ich bin mir nicht sicher.	**No estoy seguro.** *nicht (ich-)bin sicher*
Ich bin mir noch nicht schlüssig.	**Todavía vacilo.** *noch (ich-)schwanke*
Ich finde es sehr unangenehm.	**Lo encuentro muy desagradable.** *es (ich-)finde sehr unangenehm*
Es ist sehr unangenehm für mich.	**Es muy desagradable para mí.** *ist sehr unangenehm für mich*

überrascht sein

Unglaublich!	**¡Es increíble!**
Unmöglich.	**Es imposible.**
Was?	**¿Qué?**

Träume ich oder was?	**¿Sueño o qué?** *träume oder was?*
Wirklich?	**¿De veras?** *von Wahrheit?*
Das ist erstaunlich!	**¡Es sorprendente!** *ist überraschend!*
Das kann ich nicht glauben.	**No puedo creerlo.** *nicht (ich-)kann glauben-es*
So eine Überraschung!	**¡Qué sorpresa!**
Das habe ich nicht erwartet.	**No lo esperaba.** *nicht es (ich-)erwartete*
Das wundert mich.	**Me asombro de eso.** *mich wundere von das*
Mein Gott!	**¡Dios mío!**
Was ist passiert?	**¿Qué pasó?** *was passierte?*
Ich bin mit offenem Mund stehengeblieben.	**Me quedé con la boca abierta.** *mich blieb mit die Mund offen*
Was ist los?	**¿Qué ocurrió/sucedió?** *was geschah?*
Meine Güte!	**Ay, ¡qué horror!** *au welch Schrecken!*

sich unwohl fühlen

Ich fühle mich nicht gut. **No me siento bien.**
nicht mich (ich-)fühle gut

Ich bin nicht gut drauf. **No estoy bien.**
nicht (ich-)bin gut

Ich bin erschöpft. **Estoy agotado.**
(ich-)bin erschöpft

Ich bin am Ende. **Estoy al fin de los nervios.**
(ich-)bin am Ende von den Nerven

Ich bin total kaputt. **Estoy hecho polvo.**
(ich-)bin gemacht Staub

sich langweilen

Me aburro.
mich langweile
Ich langweile mich.

Es aburrido.
ist langweilig
Mir ist langweilig.

Me es/da igual.
mir ist/gibt egal
Das ist mir egal.

Eso me deja frío.
das mich läßt kalt
Das läßt mich kalt.

¿Qué puedo hacer yo?
was kann machen ich
Was kann ich dafür?

¿Y qué?
Na, und?

¡Y bien!
Na und!

¿Para qué?
für was?
Wozu?

No me importa.
nicht mich angeht
Ich bin nicht scharf drauf.

Nada importante.
nichts wichtiges
Unwichtig.

No me interesa.
nicht mich interessiert
Nicht interessiert.

Me pregunto qué hago por aquí.
mich frage was (ich-)mache durch hier
Ich frage mich, was ich hier soll.

enttäuscht sein

Estoy desengañado.
(ich-)bin enttäuscht
Ich bin enttäuscht.

No valió la pena.
nicht lohnt die Mühe
Es hat sich nicht gelohnt.

Tuve mala pata/suerte.
(ich-)hatte schlechte/s Pfote/Glück
Ich hatte Pech.

Si lo hubiese sabido ...
wenn es (ich-)hätte gewusst ...
Wenn ich das gewusst hätte ...

¡Qué lástima!
Wie schade!

No puedes hacer nada.
nicht (du-)kannst machen nichts
Da kann man nichts machen.

Angst haben

Ich habe Angst.	**Tengo miedo.** *(ich-)habe Angst*
Ich habe ein bisschen Angst.	**Tengo un poco de miedo.** *(ich-)habe ein wenig Angst*
Ich bin beunruhigt.	**Estoy intranquilo.** *(ich-)bin unruhig*
Ich habe Schiss.	**Estoy cagado.** *(ich-)bin beschissen*

sich sorgen

Ich mache mir Sorgen.	**Me preocupo.** *mich sorge*
Ich bin wegen ... beunruhigt.	**Me inquieto por ...** *mich beunruhige durch ...*
Ich bin nervös.	**Estoy nervioso.** *(ich-)bin nervös*
Ich bin etwas beunruhigt.	**Estoy un poco inquieto.** *(ich-)bin ein wenig unruhig*

Mitleid haben

Du tust mir Leid.	**Te compadezco.** *dich (ich-)bedaure*
Mein Armer/ meine Arme!	**¡Mi pobre!**

Da hattest du Pech!	**¡No tienes suerte!** *nicht (du-)hast Glück*
Pech gehabt, was?	**¿Tienes mala suerte, verdad?** *(du-)hast schlechtes Glück, Wahrheit?*
Ich möchte nicht an deiner Stelle sein.	**No quisiera estar en tu lugar.** *nicht (ich-)möchte sein an deiner Stelle*
Das kann ich mir gut vorstellen.	**Me lo puedo imaginar bien.** *mir es (ich-)kann vorstellen gut*
Ich kann dich gut verstehen.	**Puedo entenderlo bien.** *(ich-)kann verstehen-es gut*
Ich habe Mitleid mit dir.	**Tengo compasión contigo.** *(ich-)habe Mitleid mit-dir*

trösten

Es gibt Schlimmeres.	**Hay algo peor.** *(man-)hat etwas schlechter*
Das ist doch nicht so schlimm.	**No es tan grave.** *nicht ist so schwer*
Das wird schon wieder.	**Todo se arreglará.** *alles sich wird-regeln*
Mach dich nicht verrückt.	**No te alteres por eso.** *nicht dich ärgere durch dies*
Kein Grund, sich aufzuregen.	**No hay razón de alterarse.** *nicht gibt's Grund von aufregen-sich*

sich verteidigen

Lass mich in Ruhe!	**¡Déjame tranquilo/tranquila!** *lass mich ruhig (m/f)!*
Lass mich in Frieden!	**¡Déjame en paz!** *Lass-mich in Frieden!*
Hau ab!	**¡Vete!** *geh-dich!*
Geh zur Hölle!	**¡Vete al infierno!** *geh-dich zur Hölle!*
Halt's Maul!	**¡Cierra la boca!** *schließ den Mund!*
Sei still!	**¡Cállate!** *beruhige-dich!*
Willst du eine Ohrfeige?	**¿Quieres una bofetada?** *(du-)willst eine Ohrfeige?*
Ich hau dir gleich eine runter!	**¡Te doy una torta!** *dir (ich-)gebe eine Torte!*

einen Rat geben

Si estuviera en tu lugar...
wenn (ich-)wäre in dein Ort ...
Ich an deiner Stelle ...

Sería mejor ...
Es wäre besser ...

Te aconsejo ...
dir (ich-)rate ...
Ich rate dir ...

No te preocupes.
nicht dich sorge
Mach dir keine Sorgen.

¡No vaciles!
nicht zögere!
Mach's doch!

¡Adelante!
vorwärts!
Na los!

Sería un error si ...
(es-)wäre ein Irrtum wenn ...
Es wäre ein Fehler, wenn ...

No medites tanto.
nicht nachdenke soviel
Überleg nicht so lange.

No te quiero dar consejos, pero ...
nicht dir (ich-)will geben Ratschläge aber ...
Ich will dir ja keine Ratschläge geben, aber ...

sich beklagen

Ich werde mich beschweren.
Voy a quejarme.
(ich-)gehe zu beschweren-mich

Das ist eine Schande!
¡Es una vergüenza!
(es-)ist eine Scham!

Jetzt übertreibst du aber!
¡Ahora exageras!
jetzt (du-)übertreibst!

Machst du dich über mich lustig?
¿Te burlas de mí?
dich (du-)spottest von mir?

Sie haben kein Recht zu ...
No tiene el derecho de ...
nicht (er-)hat das Recht von ...

Das ist unerhört!
¡No es admisible!
nicht (es-)ist zulässig!

¡Oye!
hör!
Hör mal!

Es suficiente.
ist ausreichend
Das reicht.

¡Una vida de mierda!
eine Leben von Scheiße!
So ein Scheißleben!

¡Este coche de porquería!
dieser Wagen von Schweinerei!
Dieser Mistwagen!

¡Es el colmo!
ist der Gipfel!
Das ist die Höhe!

Eso sobrepasa todos los límites.
dies überschreitet alle die Grenzen
Das geht jetzt aber wirklich zu weit.

jemanden anrempeln

Habe ich Ihnen wehgetan?
¿Le he hecho daño?
ihm (ich-)habe gemacht Schaden

Es tut mir sehr Leid, mein Herr.
Lo siento de veras, señor.
es (ich-)fühle von wahr Herr

Ich hatte Sie nicht gesehen.
No lo había visto.
nicht es (ich-)hatte gesehen

Machen Sie sich keine Sorgen.
No se preocupe.
nicht sich Sorgen-macht

Es ist ja nichts gewesen.
No ha sido nada.
nicht hat gewesen nichts

Es tut mir in der Seele weh.
Lo siento en el alma.
es (ich-)fühle in der Seele

Entschuldigung, ich wollte Sie nicht treten.
Perdone, le he pisado sin querer.
entschuldigen(-Sie) ihm (ich-)habe getreten ohne wollen

zugeben

Confieso que ...
(ich-)zugebe dass ...
Ich gebe zu, dass ...

Hay que confesar ...
man muss zugeben ...
Ich muss zugeben ...

Reconozco que es verdad.
(ich-)anerkenne dass ist Wahrheit
Ich gebe zu, es ist wahr.

¡Ay! Es así.
Au! ist so
Tja, das stimmt.

Es cómo lo ha dicho.
ist wie er hat gesagt
Es ist, wie Sie sagen.

beurteilen

Quiero mucho a ...
(ich-)will viel zu ...
Ich mag ... sehr gerne ...

... me gusta.
... mir gefällt
gefällt mir.

Pienso que ...
(ich-)denke dass ...
Ich glaube, dass ...

Adoro a ...
(ich-)verehre zu ...
Ich habe ... sehr gerne.

Odio a ...
(ich-)hasse zu ...
Ich hasse ...

Tengo horror de ...
(ich-)habe Abscheu von ...
Ich hasse ...

Eso me conviene.
das mir passt
Es passt mir.

Vale la pena.
lohnt die Mühe
Es lohnt sich.

Das ist lustig.	**Es divertido/-a.**
Das ist veraltet.	**Es anticuado/-a.**
Das ist schrecklich.	**Es horrible.**
Er/Sie ist hässlich.	**Es feo/fea.**
Er/Sie ist (immer) verrückt.	**Es loco/loca.**
Er/Sie ist (momentan) verrückt.	**Está loco/loca.**
Er/Sie ist doof.	**Es tonto/tonta.**
Er/Sie ist süß.	**Es dulce.**
Er/Sie ist schlagfertig.	**Es listo/lista.**
Er/Sie ist witzig.	**Es gracioso/graciosa**
Er/Sie ist hübsch.	**Es lindo/linda.**
Er/Sie ist nett.	**Es amable.**

Sympathie

Du bist sympathisch.	**Eres simpático.**
Du bist toll.	**Eres magnífico.**
Du bist ein netter Typ.	**Eres un tipo agradable.** *(du-)bist ein Typ angenehm*
Du gefällst mir.	**Me gustas.** *mir gefällst*
Ich mag/liebe dich.	**Te quiero.** *dich (ich-)liebe*
Sie ist eine super Frau.	**Es una mujer estupenda.** *(sie-)ist eine Frau toll*

Antipathie

Ich kann ihn/sie nicht leiden.	**No lo/la aguanto.** *nicht ihn/sie (ich-)ertrage*
Ich mag ihn/sie nicht.	**No lo/la quiero.** *nicht ihn/sie (ich-)liebe*
Er/Sie ist mir unsympathisch.	**Me es antipático/-a.** *mir ist unsympathisch*
Ich kann ihn/Sie nicht ertragen.	**No puedo soportarlo/-a.** *nicht (ich-)kann ertragen-ihn/sie*
Er/Sie ist bescheuert.	**Es imbécil.**
Er/Sie ist langweilig.	**Es aburrido/aburrida.**
Geh mir nicht auf die Nerven.	**No me toques el nervio.** *nicht mir berühre den Nerv*
Er/Sie ist ausgeflippt.	**Es extravagante.**

lieben

Ich bin verrückt nach ihm/ihr/dir.	**Estoy loco por él/ella/tí.** *(ich-)bin verrückt von er/sie/dir*
Es ist Liebe auf den ersten Blick.	**Es amor a primera vista.** *ist Liebe von erste Sicht*
Das ist die große Liebe.	**Es la gran pasión.** *ist die große Leidenschaft*
Ich habe mich verliebt.	**Me enamoré.** *mich verliebte*
Ich liebe dich sehr.	**Te quiero mucho.** *dich (ich-)liebe viel*
Er/Sie hat mich verlassen.	**Me dejó.** *mich ließ*
Er/Sie hat mich verlassen.	**Me abandonó.** *mich verließ*
Er/Sie spielt mit meinen Gefühlen.	**Está jugando con mis sentimientos.** *(er/sie)ist spielend mit meinen Gefühlen*

Allgemeine Floskeln

¿Permiso?	Gestatten Sie?
¡Salud!	Gesundheit! Prost!
Adelante.	Herein. Vorwärts.
Gracias.	Danke.
Muchas gracias.	Vielen Dank.
No gracias.	Nein danke.
Por favor. *für Gefallen*	Bitte.
Tenga.	Bitte (nehmen Sie).
¿Cómo ha dicho?	Wie bitte?
A ver ...	Mal sehen ...
¡Por fin!	Na endlich!
¿Qué hay?	Was gibt's?
Imagínate ...	Stell dir vor ...
Etcétera ...	Und so weiter ...
Es decir ...	Das heißt ...
Y además ...	Und außerdem ...
Por otro lado ...	Auf der anderen Seite...
De otra manera ...	Andererseits ...
Si es así ...	Wenn das so ist ...
En una palabra ...	Kurz gesagt ...
Bueno ...	Na gut ...
¡Oye!	Hör mal! Sag mal!
¿Oyes?	Hörst du?
Oiga.	Hören Sie.
¡Hombre!	Mensch!

Hinweisschilder

ABIERTO	geöffnet
CABALLEROS	Herren
CAJA	Kasse
CALIENTE	heiß
CERRADO	geschlossen
COMPLETO	kein Platz mehr, ausverkauft
CUIDADO CON EL PERRO	Bissiger Hund
EMPUJAR	Drücken
ENTRADA	Eingang
ENTRADA LIBRE	Freier Eintritt
FRÍO	kalt
LIBRE	frei
NO TOCAR	Nicht berühren
OCUPADO	besetzt
PELIGRO DE MUERTE	Lebensgefahr
PLAYA	Strand
PROHIBIDO BAÑARSE	Baden verboten
PROHIBIDO ESCUPIR	Spucken verboten
PROHIBIDO EL PASO	Durchgang verboten
PROHIBIDO FUMAR	Rauchen verboten
PROHIBIDA LA ENTRADA	Kein Eingang
VENTA	Verkauf
SALIDA	Ausgang
SE VENDE	zu verkaufen
SE ALQUILA	zu vermieten
SEÑORAS	Frauen
SERVICIOS	Toiletten
TIRAR	Ziehen

Bekanntschaften machen

So könnte ein erster Dialog aussehen:

Hallo. Du bist Ausländer, nicht wahr?	**Hola. ¿Eres extranjero, verdad?** *hallo (du-)bist Ausländer Wahrheit*
Ja, ich bin Deutscher.	**Sí, soy alemán.** *ja (ich-)bin Deutscher*
Und woher kommst du?	**Y, ¿de dónde vienes?** *und von wo (du-)kommst*
Ich komme aus Essen.	**Soy de Essen.** *(ich-)bin von Essen*
Ich bin Andalusierin, aber ich wohne in Zaragoza.	**Yo soy andaluza, pero vivo en Zaragoza.** *ich bin Andalusierin aber (ich-)lebe in Zaragoza*
Ich verstehe ...	**Ah, lo veo ...** *ah ihn (ich-)sehe ...*
Ich heiße O'Niel, und du?	**Me llamo O'Niel, ¿y tú?** *mich (ich-)rufe O'Niel und du*
Ich bin Maria José.	**Yo soy Maria José.**
Arbeitest du oder studierst du?	**¿Trabajas o estudias?** *(du-)arbeitest oder (du-)studierst*
Ich arbeite ich einem Laden.	**Trabajo en una tienda.** *(ich-)arbeite in eine Geschäft*
Also, ich studiere Medizin.	**Pues, yo soy estudiante de medicina.** *dann ich bin Student von Medizin*

Wie heißt Du?

Am besten ist es, man ist offen und unkompliziert. Fragen Sie einfach nach dem Namen oder stellen Sie sich selber vor:

Ich heiße Sabine.	**Me llamo Sabine.** *mich (ich-)rufe Sabine*
Und wie heißt du?	**Y tú, ¿cómo te llamas?** *und du wie dich (du-)rufst*
Mein Name ist O'Niel.	**Mi nombre es O'Niel.**
Und das ist mein Freund Uwe.	**Y éste es mi amigo Uwe.**
Und das ist meine Freundin Roxy.	**Y ésta es mi amiga Roxy.**
Angenehm.	**Mucho gusto.** *viel Vergnügen*
Ganz meinerseits.	**El gusto es mío.** *der Vergnügen ist meiner*
Du bist Silvia, oder?	**Tú eres Silvia, ¿verdad?**
Nein, ich bin Andrea.	**No, yo soy Andrea.**
Wie heißt du mit Nachnamen?	**¿Cuál es tu apellido?** *welcher (er-)ist dein Nachname*

Mein Nachname ist Lopez **Mi apellido es López.**

Dime, ¿sabes quién es esa señorita/ese muchacho?
sag-mir (du-)weißt wer ist jene Fräulein/jener Junge
Sag mal, weißt du wer das Fräulein/der junge Mann ist?

No, no lo sé.
nein nicht ihn (ich-)weiß
Nein, das weiß ich nicht.

Creo que es Maria.
(ich-)glaube daß (sie-)ist Maria
Ich glaube, das ist Maria.

nombre *(m)*	Vorname
apellido *(m)*	Nachname
amigo *(m)*	Freund
amiga *(f)*	Freundin
encantado/encantada	sehr erfreut *(m/f)*

In der Disco

¿Hay una discoteca por aquí cerca?
(man-)hat eine Disco für hier nahe
Gibt's hier in der Nähe eine Disco?

Conozco una buena discoteca.
(ich-)kenne eine gute Disco
Ich kenne eine gute Disco.

¿Quieres bailar?
(du-)möchtest tanzen
Möchtest du tanzen?

No sé bailar.
nicht (ich-)weiß tanzen
Ich kann nicht tanzen.

Con mucho gusto.
mit viel Vergnügen
Sehr gerne.

¡Déjame en paz!
lass-mich in Frieden
Lass mich in Ruhe!

Nein danke. **No, gracias.**
Na klar! **¡Sí, claro!**
Warum nicht? **¿Por qué no?**

Tanzen wir nochmal? **¿Vamos a bailar otra vez?**
(wir-)gehen zu tanzen andere Mal

Soll ich dir mal einen tollen Tanz beibringen? **¿Quieres que te enseñe un baile fantástico?**
(du-)willst dass dir (ich-)zeige ein Tanz phantastisch

Was machst du nach der Fete? **¿Qué haces después de la fiesta?**
was (du-)machst nach von die Fest

Ich begleite dich nach Hause. **Te acompaño a casa.**
dich (ich-)begleite zu Haus

An der Theke

¿Quieres tomar algo?
(du-)willst nehmen etwas
Möchtest du etwas trinken?

Te invito a una copita.
dich (ich-)einlade zu eine Gläßchen
Ich lade dich zu einem Gläschen ein.

¿Tomamos otra bebida?
(wir-)nehmen andere Getränk
Nehmen wir noch einen Drink?

Pago todo junto.
Ich zahle alles zusammen.

¿Vienes a menudo* por aquí?
(du-)kommst zu klein für hier
Kommst du oft her?

* menudo *heißt klein,*
a menudo *heißt oft.*

Cada dia/sábado/semana.
Jede/n Tag/Samstag/Woche.

¿Estás aquí por primera vez?
(du-)bist hier für erste Mal
Bist du das erste Mal hier?

¿Estás solo/sola?
(du-)bist allein(m/f)
Bist du allein hier?

Claro que sí/no.
klar daß ja/nein
Natürlich./N. nicht.

Rauchen

¿Le molesta que fume?
Ihnen (er-)belästigt daß (ich-)rauche
Stört es Sie, wenn ich rauche?

No, en absoluto.
Nein, gar nicht.

Sí, naturalmente.
Ja, natürlich.

¿Me puede dar fuego, por favor?
mir (er-/sie-)kann geben Feuer für Gefallen
Könnten Sie mir bitte Feuer geben?

Lo siento mucho, pero no fumo.
ihn (ich-)fühle viel aber nicht (ich-)rauche
Es tut mir Leid, aber ich rauche nicht.

Le agradecería que esperara un poco, ...
Ihnen (ich-)danken-würde
dass (er-)wartete ein wenig
Ich wäre Ihnen dankbar,
wenn Sie ein wenig warten würden ...

... porque no me encuentro muy bien.
... weil nicht mich (ich-)befinde sehr gut
... weil ich mich nicht so gut fühle.

¿Le importaría abrir un poco la ventanilla?
Ihnen wichtig-wäre öffnen ein wenig die Fenster
Würden Sie bitte ein wenig das Fenster öffnen?

Eingeladen sein

Wer allein oder zu zweit reist, dem kann es passieren, dass man ihn zum Essen einlädt. Als Mitbringsel eignen sich nicht so sehr Blumen, wohl aber Süßigkeiten oder Kleinigkeiten für die Kinder.

Selbst ein einfaches Essen besteht immer aus mehreren Gängen, mit denen man „gemästet" wird. Damit der Koch/die Köchin nicht den Eindruck bekommt, dass es nicht schmeckt, sollte man sich mindestens zweimal etwas auffüllen. Das ist in Spanien durchaus üblich und kommt einem Lob der Köchin/des Kochs gleich.

Zum Mittagessen wird meist Rotwein getrunken, aber es steht auch immer Wasser bereit. Auf den Tisch gehört eine Schale Brot oder es liegt ein Baguette da, von dem sich jeder ein Stück abbrechen kann.

Das nächste Kapitel zeigt die typischen Gesprächsthemen bei so einer Einladung, nämlich Alter, Familie und Beruf.

Alter

Wie alt bist du/ sind Sie?	**¿Cuántos años tienes/tiene?** *wieviele Jahre (du-)hast/(er-/sie-)hat*
Ich bin 20.	**Tengo 20 años.** *(ich-)habe 20 Jahre*

Das sage ich nicht.	**No lo digo.** *nicht ihn (ich-)sage*
Mal sehen, ob du es rätst.	**A ver si lo adivinas.** *zu sehen ob ihn (du-)rätst*
Für wie alt hältst du ihn?	**¿Cuántos años le das?** *wieviele Jahre ihm (du-)gibst*
Ich schätze dich auf 30.	**Te doy treinta años.** *dir (ich-)gebe 30 Jahre*
Fast ...	**Casi ...**
Ungefähr ...	**Más o menos ...** *mehr oder weniger ...*
Er/Sie sieht jünger aus.	**Parece más joven.** *(er-/sie-)scheint mehr jung*

Familie

Wieviele Geschwister hast du?	**¿Cuántos hermanos tienes?** *wieviele Brüder hast du*
Ich habe nur einen Bruder.	**Tengo sólo un hermano.** *(ich-)habe nur ein Bruder*
Er heißt Emilio.	**Se llama Emilio.** *sich (er-)ruft Emilio*
Ach ja, jetzt erinnere ich mich.	**¡Ah sí! Ahora me acuerdo.** *ach ja jetzt mich (ich-)erinnere*
Das ist doch der, der in Zaragoza wohnt.	**Es él que vive en Zaragoza.** *(er-)ist der dass (er-)lebt in Zaragoza*
Wann kommt dein Mann zurück?	**¿Cuándo vuelve tu marido?** *wann (er-)zurückkommt dein Ehemann*
Bist du verheiratet?	**Estás casado/casada?** *(du-)bist verheiratet(m/f)*
Ja.	**Sí.** *ja*
Hast du Kinder?	**¿Tienes hijos?** *(du-)hast Söhne*
Ich habe eine Tochter.	**Tengo una hija.** *(ich-)habe eine Tochter*

Ich bin nicht verheiratet.	**No estoy casado/casada.** *nicht (ich-)bin verheiratet(m/f)*
Und du?	**¿Y tú?**
Auch nicht.	**Tampoco.**
Und deine Eltern leben noch?	**¿Y tus padres viven todavía?** *und deine Väter (sie-)leben noch*
Klar.	**Sí, claro.** *ja klar*
Leider lernst du sie nicht kennen.	**Siento que no puedas conocerlos.** *(ich-)bedauere dass nicht (du-)kannst kennenlernen-sie*
Um so besser, dann sind wir ja alleine.	**Tanto mejor que así estaremos solos.** *soviel besser dass so (wir-)werden-sein allein*

padre/madre	Vater/Mutter
hermano/hermana	Bruder/Schwester
hijo/hija	Sohn/Tochter
tío/tía	Onkel/Tante
sobrino/sobrina	Neffe/Nichte
primo/prima	Cousin/Cousine
casado/casada	verheiratet *(m/f)*
soltero/soltera	ledig *(m/f)*
marido/esposa	Ehemann/Ehefrau

Berufe

Welchen Beruf haben Sie/hast du?	**¿Qué profesión tiene/tienes?** *was Beruf (er-/sie-)hat/(du-)hast*
Was studierst du?	**¿Qué estudias?** *was (du-)studierst*
Ich gehe noch zur Schule.	**Todavía voy a la escuela.** *noch (ich-)gehe zu die Schule*

Soy ...	Ich bin ...
parado	arbeitslos
obrero	Arbeiter
empleado	Angestellter
pensionado	Rentner
ama de casa	Hausfrau
estudiante	Student
ingeniero	Ingenieur
profesor	Lehrer, Dozent
secretaria	Sekretärin
comerciante	Händler
negociante	Geschäftsmann
médico	Arzt
enfermera	Krankenschwester
mecánico	Mechaniker
panadero	Bäcker
carpintero	Tischler
peluquero	Friseur
guardia	Polizist
técnico	Techniker

Läßt man die männlichen Berufsbezeichnungen auf **-a** *enden, so werden sie weiblich:* ingeniera (Ingenieurin), profesora (Lehrerin)

Einkaufen

Womit kann ich Ihnen dienen?	**¿En qué puedo servirle?** *in was (ich-)kann dienen-Ihnen*
Haben Sie die Platte „Black-out“ von den Scorpions?	**¿Tienen ustedes el disco “Black out” de Scorpions?** *haben Sie der Platte “Black-out” von Scorpions*
Nein, die habe ich nicht.	**No, no lo tengo.** *nein nicht ihn (ich-)habe*
Und „Tokyo-tapes“?	**¿Y “Tokyo tapes”?** *und “Tokyo-tapes”*
Ja, mein Herr.	**Sí, señor.** *ja Herr*
Diese haben wir.	**Ése sí lo tenemos.** *dieser ja ihn (wir-)haben*
Hier ist sie.	**Aquí está.** *hier (er-)ist*
Wieviel kostet das?	**¿Cuánto cuesta?** *wieviel (er-)kostet*
1.600 Peseten.	**1.600 pesetas.** *1.600 Peseten*

Ich möchte einen leichten Anzug kaufen.	**Necesito comprar un traje ligero.** *(ich-)brauche kaufen ein Anzug leicht*
Welche Farbe hätten Sie gerne?	**¿De qué color lo desea?** *von was Farbe ihn (er-/sie-)wünscht*
Eine helle Farbe bitte.	**De un color claro.** *von ein Farbe klar*
Das gefällt mir (nicht).	**Esto (no) me gusta.** *dies (nicht) mir (er-)gefällt*
Sie haben Größe 50, stimmt's?	**Su medida es 50, ¿verdad?** *Ihre Größe ist 50 Wahrheit*
Nein, ich glaube, das ist 52.	**No, creo que es 52.** *nein (ich-)glaube das (sie-)ist 52*
Wie teuer ist das?	**¿Qué precio tiene?** *was Preis (er-/sie-)hat*
Es ist zu ...	**Es demasiado ...**

caro	teuer	**corto**	kurz
pequeño	klein	**largo**	lang
grande	groß	**oscuro**	dunkel
ancho	weit	**claro**	hell

Einkaufsliste

pulsera	Armband
cenicero	Aschenbecher
pila	Batterie
sello	Briefmarke
libro	Buch
película de diapositivas	Diafilm
abrelatas *(m)*	Dosenöffner
película	Film
bombilla	Glühbirne
cinturón	Gürtel
vaqueros (tejanos) *(Mz)*	Jeans
peine *(m)*	Kamm
vela	Kerze
sacacorchos *(m)*	Korkenzieher
esparadrapo	Pflaster
disco	Platte
postal *(f)*	Postkarte
anillo	Ring
crema bronceadora	Sonnencreme
aceite bronceador *(m)*	Sonnenöl
mapa *(m)* **de la ciudad**	Stadtplan
cerillas *(Mz)*	Streichhölzer
papel *(m)* **higiénico**	Toilettenpapier
papel crep *(m)*	Toilettenpapier
reloj *(m)*	Uhr
pañales *(Mz)*	Windeln
pasta de dientes	Zahnpasta
periódico	Zeitung
adaptador *(m)*	Zwischenstecker

an der Reihe sein

Lo siento, pero ahora me toca a mí.
ihn (ich-)bedauere aber jetzt mich (er-)berührt zu mir
Tut mir Leid, aber jetzt bin ich dran.

Llevo media hora esperando.
(ich-)trage halbe Stunde wartend
Ich warte schon seit einer halben Stunde.

Ah perdone, pensaba que me tocara a mí.
ah entschuldigen(-Sie) (ich-)dachte
dass mich (er-)berührt zu mir
Entschuldigung, ich dachte, ich wäre dran.

Auf dem Markt

Tag!	**¡Buenas!** *gute*
Wie geht's?	**¿Cómo está?** *wie (er-/sie-)ist*
Gut, wie immer.	**Bien, como siempre.** *gut wie immer*
Was möchten Sie?	**¿Qué quiere?** *was (er-/sie-)will*
Ich möchte Äpfel und Kartoffeln.	**Quiero comprar manzanas y patatas.** *(ich-)will kaufen Äpfel und Kartoffeln*
Wieviel kosten diese grünen Äpfel?	**¿A cuánto están esas manzanas verdes?** *zu wieviel (sie-)sind diese Äpfel grüne*

Ein Kilo hundert Peseten.	**Cien pesetas el kilo.** *hundert Peseten der Kilo*
Und die Kartoffeln?	**¿Y las patatas?** *und die Kartoffeln*
Zwanzig Peseten das Kilo.	**Veinte pesetas el kilo.** *zwanzig Peseten der Kilo*
Dann bitte ein Kilo Äpfel und zwei Kilo Kartoffeln.	**Entonces déme un kilo de manzanas y dos de patatas.** *dann geben(-Sie)-mir ein Kilo von Äpfel und zwei von Kartoffeln*
Mal sehen, das macht 240 Peseten zusammen.	**A ver,** **son doscientas cuarenta pesetas en total.** *zu sehen* *(sie-)sind zweihundert vierzig Peseten in total*
Oh, zu teuer! Ich habe nur 225 Peseten.	**¡Oh, demasiado caro!** ***Solamente tengo 225 pesetas.*** *nur (ich-)habe 225 Peseten*
Ich bin nur ein armer Student ...	**Soy un pobre estudiante ...** *(ich-)bin ein armer Student ...*
Na gut, geben Sie mir 225.	**Bueno, déme 225.** *gut geben-mir 225*
Sie sind sehr freundlich.	**Usted es muy amable.**
Tschüß.	**Adiós.**

Lebensmittel

Apfel	**manzana**
Apfelsine	**naranja**
Banane	**plátano**
Brot	**pan** *(m)*
Brötchen	**panecillo**
belegtes Brötchen	**bocadillo**
Butter	**mantequilla**
Ei	**huevo**
Eis	**helado**
Gurke	**pepino**
Hähnchen	**pollo**
Kaffee	**café** *(m)*
Käse	**queso**
Kekse	**galletas**
Kopfsalat	**lechuga**
Kuchen, Torte	**tarta**
Milch	**leche** *(m)*
Pfeffer	**pimienta**
Saft	**jugo**
Salat	**ensalada**
Schokolade	**chocolate** *(m)*
Schinken	**jamón** *(m)*
Tee	**té** *(m)*
Wurst	**salchichón** *(m)*
Würstchen	**salchicha**
Zitrone	**limón** *(m)*
Zucker	**azúcar** *(m)*

Essen und Trinken

Im Restaurant

Es gibt mehrere Möglichkeiten, sich in Spanien zu verpflegen. Die **„restaurantes"** tragen viele verschiedene Bezeichnungen, von denen ich die häufigsten erkläre:

Albergue de Carretera	Sie steht an vielen der größeren Landstraßen. Man kann dort essen und übernachten.
American Bar/ Bar Americano	Ein Nachtklub, wo man meist nur alkoholische Getränke zu sich nimmt.
Bar	Straßencafé, wo man frühstückt, einen Kaffee oder eine Cola trinkt oder eine Kleinigkeit isst.
Bodega	Das ist eine einfach eingerichtete Weinstube.
Café-Cafetería	Man bekommt hier Eis, Kaffee und alle anderen Getränke, aber keinen Kuchen.
Comida	Hier bekommt man einfache Gerichte.
Fonda	Ein Landgasthof, in dem man gutbürgerlich und reichhaltig speisen kann.
Horchatería	Hier gibt es nur Erfrischungsgetränke.
Hostal (Hostería, Hostelería)	Eine volkstümlich aufgemachte Gaststätte mit Spezialitäten der lokalen Küche.

Pastelería – Confitería
Dies sind Konditoreien, wo man auch einen Kaffee trinken kann; kommen nur in größeren Städten vor.

Posada
Landgaststätte, die hauptsächlich regionale Spezialitäten biete.

Refugio de montaña
Kommen in Berggegenden vor. Man bekommt hier ein einfaches, aber sehr gutes Essen.

Taberna
Entspricht etwa unserer „Kneipe“, aber es gibt hier eine große Auswahl an kleinen Appetithäppchen, sog. „tapas“.

Tasca
Auch hier gibt es tapas und vor allem regionale Spezialitäten.

Venta
Dies ist ein antik und volkstümlich eingerichtetes Speiselokal.

Spanische Spezialitäten

Tapas In jedem typischen Restaurant bekommt man kleine, auf Zahnstocher aufgespießte Stückchen Fleisch, Wurst, Käse, Muscheln, Schinken, Fisch usw. als Appetithäppchen, die man meistens stehend an der Theke isst.

Pinchos verschiedene Fleischarten mit Zwiebeln, Paprika und Pilzen gegrillt.

Albóndigas gut gewürzte kleine Fleischklößchen.

Empanadillas mit Fisch oder Fleisch gefüllte kleine Pasteten.

Buñuelitos In Fett Gebackenes, mit Ei, Fisch oder Schinken gefüllt.

Die berühmte Knoblauchsuppe mit gebratenen Brotstückchen und Paprika. Wird als Vorspeise gegessen.	**Sopa de ajo**
Dieses Omelett gibt es in zwei Arten: aufgerollt (francesa) oder rund und flach (española).	**Tortilla**
Eigelb in weichen kleinen Brötchen gebraten und dann mit Eiweiß überdeckt.	**Huevos al nido**
Gekochte Eier mit Thunfisch gefüllt und mit Mayonaise serviert.	**Huevos al trote**
Typisches Reisgericht auf einer flachen Metallplatte gekocht. Es besteht aus Fleisch, Hähnchen, Meeresfrüchten und mit Safran gelb gefärbtem Reis.	**Paella**
Schweinefilet, Wurst, Tintenfisch, rote Paprika, Erbsen und Tomaten.	**Paella catalana**
Fisch, Artischocken, Tomaten, Zwiebeln und grüne Paprika.	**Paella alicantina**
Schweinefleisch, Schweinepfötchen, Schinken und rote Paprika.	**Paella zamorrana**
Eintopfgericht aus Hähnchen und Gemüse.	**Menestra de pollo**
Mit Hackfleisch gefüllte rote Paprikaschoten.	**Pimientos a la riojana**

bestellen

Kann ich die Karte bekommen?	**¿Puedo ver la carta?** *(ich-)kann sehen die Karte*
Haben Sie ... ?	**¿Tiene usted ... ?**
Was wollen/möchten/ nehmen Sie?	**¿Qué quieren/desean/toman?**
Ich will ...	**Quiero ...**
Ich möchte ...	**Quisiera ...**
Ich nehme/trinke ...	**Tomo ...**
Ich werde ... nehmen/trinken.	**Tomaré ...**
Wir werden ... nehmen/trinken.	**Tomaremos ...**
Wir wollen ...	**Queremos ...**
Geben Sie mir ... Geben Sie uns ...	**Deme ...** **Denos ...**
Wann schließen Sie?	**¿A qué hora cierran?** *zu was Stunde (sie-)schließen*
Ab wann wird das Abendessen serviert?	**¿A qué hora empiezan a servir la cena?** *zu was Stunde (sie-)anfangen zu servieren die Abendessen*

¿Podría traerme/traernos ... ?
(er-/sie-)könnte mir/uns bringen ... ?
Könnten Sie mir/uns bitte ... bringen?

Quisiera una mesa para dos, tres, cuatro, seis.
(ich-)möchte eine Tisch für zwei, drei, vier, sechs
Ich möchte einen Tisch für 2, 3, 4, 6 Personen.

Tráigame por favor ...
bringen(-Sie)-mir für Gefallen ...
Bringen Sie mir bitte ...

un pollo asado	ein Hähnchen
patatas fritas	Pommes Frites
un helado de fresa	ein Erdbeereis
una naranjada	eine Orangenlimonade
un bisté	ein Steak
unos pasteles	Pasteten, Gebäck
sopa de tomate	Tomatensuppe

Me falta ... Mir fehlt ...

el cuchillo	das Messer
el tenedor	die Gabel
el plato	der Teller
el vaso	das Glas
la cuchara	der Löffel
la servilleta	die Serviette

Bei Tisch

Pásame ..., por favor.	**¿Quieres ... ?**
Gib mir bitte	Möchtest du ... ?

el pan	das Brot
el queso	der Käse
el azúcar	der Zucker
la sal	das Salz
la pimienta	der Pfeffer
la ensalada	der Salat
la mantequilla	die Butter
la leche	die Milch

¿Te gusta ... ? Schmeckt/Gefällt dir ...?

esta cena	dieses Abendessen
esta comida	dieses Essen
este almuerzo	dieses Mittagessen
este desayuno	dieses Frühstück
este plato	dieses Gericht
este restaurante	dieses Restaurant

... me gusta mucho. ... schmeckt mir sehr.

este emparedado	dieses Sandwich
este bocadillo	dieses bel. Brötchen
este postre	dieser Nachtisch
este legumbre	dieses Gemüse
esta ensalada	dieser Salat
esta fruta	dieses Obst
esta sopa	diese Suppe

Este ... está delicioso. Dieser ... schmeckt gut.

filete	Filet
cordero	Lamm
arroz	Reis

Esta ... está deliciosa. Diese ... schmeckt gut.

ensalada	Salat
sopa	Suppe
fruta	Obst

Im Café

una taza de ...	eine Tasse ...
una botella de ...	eine Flasche ...
un vaso de ...	ein Glas ...
bocadillo de queso	Käse-Brötchen
... de jamón *(m)*	Schinken- ...
... de huevo	Ei- ...
... de atún *(m)*	Thunfisch- ...
helado de fresa	Erdbeereis
... de chocolate	Schokoladeneis
... de vainilla	Vanilleeis
zumo de fruta	Fruchtsaft
... de manzana	Apfelsaft
... de naranja	Orangensaft
agua mineral	Mineralwasser
coca	Cola*
café (solo) *(m)*	Kaffee (schwarz)
(con/sin) azúcar *(m)*	(mit/ohne) Zucker
(con/sin) leche *(f)*	(mit/ohne) Milch
chocolate *(m)*	Kakao
té	Tee
batido	Milchshake
cerveza	Bier
agua tónica	Tonic
ginebra	Gin
vodca	Wodka
wiskey	Whiskey
coñac *(m)*	Kognac

***cola** = Schwanz!

Bezahlen

Queremos pagar.
(wir-)wollen zahlen
Wir möchten zahlen.

¿Pagan juntos?
(sie-)zahlen zusammen
Zahlen Sie zusammen?

Wenn Sie mit spanischen Freunden im Café oder Restaurant gewesen sind, zahlt zuerst nur einer. Die anderen geben ihm dann soviel, wie sie meinen, verzehrt zu haben.

Man gibt dem Kellner Trinkgeld, auch wenn Bedienungsgeld schon im Preis enthalten ist.

Das genaue getrennte Abrechnen ist nicht üblich und deshalb sollte man auch nicht auf getrennte Rechnungen bestehen.

¿Cuánto es?
wieviel (er-/sie-)ist
Was macht das?

La cuenta, por favor.
die Rechnung für Gefallen
Die Rechnung, bitte.

¿El servicio está incluido?
der Service ist inbegriffen
Ist die Bedienung inbegriffen?

Quédese con la vuelta.
bleiben(-Sie)-sich mit die Wechselgeld
Der Rest ist für Sie.

Eso es para usted.
das (er-/sie-)ist für Sie
Das ist für Sie.

Reklamieren

Esto no es lo que he pedido.
dies nicht (er-)ist das was (ich-)habe bestellt
Das habe ich nicht bestellt.

¿Puede cambiarme esto?
(er-/sie-)kann wechseln-mir dies
Können Sie mir das umtauschen?

Está demasiado dulce/salado/amargo.
(er-)ist zuviel süß/salzig/bitter
Das ist zu süß/salzig/bitter.

Toilette & Co.

Gibt es eine öffentliche Toilette hier in der Nähe?	**¿Hay por aquí un servicio público?** *(man-)hat für hier ein Toilette öffentlich*
Wo sind die Toiletten?	**¿Dónde están los servicios?**
Entschuldigung, wo ist die Toilette?	**Perdone, ¿dónde está el lavabo?**
Können Sie mir Toilettenpapier geben?	**¿Puede darme papel higiénico?** *(er-/sie-)kann geben-mir Papier hygienisch*
Die Spülung geht nicht.	**El sifón del retrete no funciona.** *der Spülung vom Klo nicht (er-)funktioniert*
Es fehlt Seife und ein Handtuch.	**Falta jabón y una toalla.**

CABALLEROS	Herren
SEÑORAS	Damen
OCUPADO	besetzt
LIBRE	frei

Unterwegs ...

... in der Stadt

Können Sie mir sagen, wo die Universität ist?	**¿Puede decirme dónde está la universidad?** *(er-/sie-)kann sagen-mir wo ist die Universität*
Hören Sie bitte, gibt es hier in der Nähe eine Bank?	**Oiga, por favor,** **¿hay un banco por aquí cerca?** *hören(-Sie) für Gefallen* *(man-)hat ein Bank für hier nah*
Verzeihung, wo geht's hier zum Bahnhof?	**Perdone, ¿para ir a la estación?** *verzeihen(-Sie) für gehen zu die Bahnhof*
Wo ist das Postamt?	**¿Dónde se encuentra la oficina de correos?** *wo sich (sie-)befindet die Büro von Post*

primero	zuerst
después	dann
luego	später
al final	schließlich
la primera calle	1. Straße
la segunda ...	2. Straße
la tercera ...	3. Straße
la última ...	letzte Straße

coja	nehmen Sie	**coge**	nimm
tome	nehmen Sie	**toma**	nimm
gire	biegen Sie ab	**gira**	biege ab
siga	gehen Sie weiter	**sigue**	geh weiter
cruce	überqueren Sie	**cruza**	überquere
vaya	gehen Sie	**ve**	geh

Está ...	Es ist ...
a la derecha.	rechts.
a la izquierda.	links.
todo recto.	geradeaus.
aquí/ahí/allí	hier/da/dort.
al lado de ...	neben ...
cerca.	in der Nähe.
lejos.	weit weg.
al fondo.	da hinten.
al final de ...	am Ende von ...

Viele Geschäfte haben einen Namen mit der Endung **-ería.**
So wird z. B. aus zapato (Schuh) zapatería (Schuhgeschäft).

avenida	Allee
ayuntamiento	Rathaus
bar *(m)*	Café/Restaurant
barrio	Stadtteil
bodega	Weinstube
camino	Weg
capital *(f)*	Hauptstadt
carnicería	Fleischerei
carretera	Autobahn
centro	Zentrum
cine	Kino
ciudad *(f)*	Stadt
embajada	Botschaft
escuela	Schule
farmacia	Apotheke
iglesia	Kirche
jardín botánico	Botanischer Garten
lavandería	Wäscherei
librería	Bücherladen
mercado	Markt
panadería	Bäckerei
papelería	Schreibwarenladen
pueblo	Dorf
tienda	Laden
zapatería	Schuhgeschäft

Post/Bank

Quisiera dos sellos para cartas a Alemania.
Ich möchte zwei Briefmarken für Briefe nach Deutschland.

¿Cuánto cuesta una postal a Alemania/Austria/Suiza?
Wieviel kostet eine Postkarte nach Deutschland/Österreich/Schweiz?

¿Dónde puedo comprar sellos?
wo (ich-)kann kaufen Briefmarken
Wo kann ich Briefmarken kaufen?

En el estanco.
Im Tabakladen.

¿Dónde puedo llamar por teléfono, por favor?
wo (ich-)kann rufen für Telefon für Gefallen
Wo kann ich bitte telefonieren?

Quiero cambiar cien marcos en pesetas.
(ich-)will wechseln 100 Mark in Peseten
Ich möchte 100 Mark in Peseten umtauschen.

Quiero 5000 (en) pesetas.
(ich-)will 5000 (in) Peseten
Ich möchte 5000 (in) Peseten.

¿Cuánto es en marcos alemanes?
wieviel (er-/sie-)ist in Mark deutsche
Wieviel ist das in DM?

Eine Unterkunft suchen

Gibt es ... ?	**¿Hay ...?**
Haben Sie ... ?	**¿Tiene usted ...?**
Ich möchte ...	**Quisiera ...**
Wir möchten ...	**Quisiéramos ...**
ein Zimmer	**una habitación**
zwei Zimmer	**dos habitaciones**
mit Bad	**con baño**
mit Dusche	**con ducha**
mit zwei Betten	**con dos camas**
mit fließendem Wasser	**con agua corriente**
mit Fernseher/Radio	**con televisión/radio**
Nur eine Nacht.	**Sólo una noche.**
Für einige Tage.	**Para unos días.**
Für eine Woche.	**Para una semana.**
Ich weiß noch nicht, wie lange ich bleiben werde.	**No sé hasta cuándo me voy a quedar.** *nicht (ich-)weiß bis wann mich (ich-)gehe zu bleiben*
Wieviel kostet es	**¿Cuánto cuesta**
... mit Frühstück?	**... con desayuno?**
... mit Vollpension?	**... con pensión completa?**
... pro Nacht?	**... por noche?**
... pro Woche?	**... por semana?**
Es ist zu teuer.	**Es demasiado caro.**
Es gefällt mir nicht.	**No me gusta.**
Kann ich das Zimmer sehen?	**¿Puedo ver la habitación?** *(ich-)kann sehen die Zimmer*
Gut, ich nehme es.	**Muy bien, la tomo.** *sehr gut sie (ich-)nehme*

Auf dem Lande

altiplano	Hochebene	**mar** *(f)*	Meer
animal *(m)*	Tier	**meseta**	Hochebene
árbol *(m)*	Baum	**nadar**	schwimmen
arena	Sand	**norte** *(m)*	Norden
bosque *(m)*	Wald	**oeste** *(m)*	Westen
cabaña	Hütte	**ola**	Welle
caminar	gehen	**pampa**	Grasebene
campo	Feld	**piscina**	Schwimmbad
catarata	Wasserfall	**playa**	Strand
costa	Küste	**punta**	Spitze
cueva	Höhle	**río**	Fluß
dunas	Dünen	**sierra**	Gebirgskette
este *(m)*	Osten	**sombra**	Schatten
flor *(f)*	Blume	**subir**	heraufsteigen
hacienda	Farm	**sur** *(m)*	Süden
isla	Insel	**vacaciones**	Ferien
lago	See	**valle** *(m)*	Tal

Das Wetter

In vielen Redewendungen zur Angabe des Wetters wird das Wort „hacer" (machen) gebraucht.

Es ist warm.	**Hace* calor.** *(er-)macht Wärme*
Es ist kalt.	**Hace frío.** *(er-)macht Kälte*
Die Sonne scheint.	**Hace sol.** *(er-)macht Sonne*
Es ist gutes Wetter.	**Hace buen tiempo.** *(er-)macht gut Wetter*
Es ist schlechtes Wetter.	**Hace mal tiempo.** *(er-)macht schlecht Wetter*
Es ist windig.	**Hace viento.** *(er-)macht Wind*
Es ist windig.	**Corre aire.** *(er-)läuft Luft*
Es regnet viel.	**Llueve mucho.**
Es regnete ein bißchen.	**Lluvió un poco.**
Im Winter schneit es manchmal.	**En invierno nieva algunas veces.** *in Winter (er-)schneit einige Male*
Es ist 30 Grad im Schatten.	**Hace treinta grados a la sombra.** *(er-)macht dreißig Grad zu die Schatten*
Es ist 2 Grad über/unter 0.	**Hace dos grados sobre/bajo cero.** *(er-)macht zwei Grad über/unter Null*

* *Für die Vergangenheit gebraucht man* „hacía" *anstatt* „hace":
Hacía sol. =
Die Sonne schien.

... mit öffentlichen Verkehrsmitteln

Busse, die zur nächsten Stadt oder noch weiter fahren, halten hauptsächlich am örtlichen Busbahnhof. Man kann in diesen Bussen selbst keine Fahrkarten kaufen, sondern muss sie sich (am besten einen Tag vorher) am Schalter besorgen. Oft sind die Karten numeriert und werden ausgerufen. Wichtig deshalb, die Zahlen zu kennen!

Ich möchte eine Karte nach Barcelona.	**Quiero un billete para Barcelona.** *(ich-)will ein Fahrschein für Barcelona*
Für wann? Um wieviel Uhr? Welche Klasse?	**¿Para cuándo?** **¿A qué hora?** **¿Qué clase?**
Für den nächsten Bus.	**El próximo autobús.** *der nächste Bus*
Für 8 Uhr abends.	**Para las ocho de la tarde.** *für die acht von die Nachmittag*
Eine Rückfahrkarte nach Madrid, bitte.	**Un billete de ida y vuelta a Madrid, por favor.** *ein Fahrschein von Fahrt und Rückkehr zu Madrid für Gefallen*
Wieviel kostet die Fahrt nach Toledo?	**¿Cuánto cuesta el viaje a Toledo?** *wieviel (er-)kostet der Reise zu Toledo*
Wo muß ich umsteigen?	**¿Dónde tengo que cambiar de tren?** *wo (ich-)habe daß wechseln von Zug*

Wo kann ich die Fahrkarten kaufen?	**¿Dónde puedo comprar los billetes?** *wo (ich-)kann kaufen die Fahrkarten*
Muss man Zuschlag für diesen Zug zahlen?	**¿Hay que sacar un suplemento para este tren?** *(man-)hat dass ziehen ein Zuschlag für dieser Zug*
Wo gibt's einen Fahrkartenschalter?	**¿Dónde hay una ventanilla?** *wo (man-)hat eine Fensterchen*

agotado	ausverkauft	**maleta**	Koffer
aeropuerto	Flughafen	**moto** *(f)*	Motorrad
asiento	Sitzplatz	**ocupado**	besetzt
avión *(m)*	Flugzeug	**parada**	Haltestelle
barco	Schiff	**peaje** *(m)*	Maut
bicicleta	Fahrrad	**precio**	Preis
billete	Fahrkarte	**primera**	erste Klasse
camión *(m)*	Lastwagen	**puerto**	Hafen
clase *(f)*	Klasse	**rebaja**	Ermäßigung
coche *(m)*	Wagen	**salida**	Abfahrt
equipaje *(m)*	Gepäck	**segunda**	zweite Klasse
esperar	warten	**sólo ida**	nur Hinfahrt
estación *(f)*	Bahnhof	**Talgo**	Schnellzug
ida y vuelta	Hin- u. Rückf.	**tren** *(m)*	Zug
libre	frei	**ventana**	Fenster
llegada	Ankunft	**ventanilla**	Schalter
lleno	voll	**viaje** *(m)*	Reise

... im eigenen Wagen

eje *(m)*	Achse
arranque *(m)*	Anlasser
tubo de escape	Auspuff
batería	Batterie
intermitente *(m)*	Blinker
freno	Bremse
empaquetadura	Dichtung
gasóleo *(m)*	Diesel
repuesto, recambio	Ersatzteil
filtro	Filter
marcha	Gang
acelerador *(m)*	Gaspedal
transmisión *(f)*	Getriebe
cable *(m)*	Kabel
correa	Keilriemen
radiador *(m)*	Kühler
embrague *(m)*	Kupplung
luces	Lampe
volante *(m)*	Lenkrad
dinamo *(f)*	Lichtmaschine
filtro de aire	Luftfilter
gasolina	Normalbenzin
aceite	Öl
bomba (de gasolina)	(Benzin-)Pumpe
rueda	Rad
neumático	Reifen
cambio de marchas	Schaltung
manguera	Schlauch
destornillador *(m)*	Schraubenzieher
fusible *(m)*	Sicherung
amortiguador *(m)*	Stoßdämpfer
válvula	Ventil
carburador *(m)*	Vergaser
agua	Wasser
bujía	Zündkerze

Panne

Rufen Sie bitte die Polizei.	**Por favor, llame a la policía.** *für Gefallen rufen(-Sie) zu die Polizei*
Ich hatte einen Unfall.	**Tuve un accidente.** *(ich-)hatte ein Unfall*
Können Sie mir helfen?	**¿Puede ayudarme ... ?** *(er-/sie-)kann helfen-mir*
Können Sie mich abschleppen?	**¿Puede remolcarme?** *(er-/sie-)kann abschleppen-mich*
Ich glaube, der/die ... funktioniert nicht richtig.	**Pienso que el/la ... no funciona bien.** *(ich-)glaube dass der/die ... nicht funktioniert gut*
Können Sie den/die ... reparieren?	**¿Puede arreglar el/la ... ?** *(er-/sie-)kann reparieren der/die*
Wieviel wird das kosten?	**¿Cuánto me va a costar?** *wieviel mir (er-/sie-)geht zu kosten*
Wissen Sie, wo es hier eine Tankstelle gibt?	**¿Sabe usted dónde hay un puesto de gasolina?** *wissen Sie wo (man-)hat ein Stelle von Benzin*
Gibt es hier in der Nähe eine Reparaturwerkstatt?	**¿Hay un taller de reparaciones por aquí cerca?** *(man-)hat ein Werkstatt von Rep. für hier nah*

Übrigens, verwechseln Sie nicht die beiden ähnlich klingenden Wörter **gasóleo** (Diesel) und **gasolina** (Benzin)!

Verkehrsschilder

Die eigentlichen Verkehrsschilder sind die gleichen wie bei uns in Deutschland. Zusätzlich kann aber auch eines der folgenden Schilder angebracht worden sein.

ADUANA	Zoll
AL PASO	Schritt fahren
AUTOPISTA	Autobahn
CALZADA DETERIORADA	Fahrbahnschäden
CALZADA ESTRECHA	verengte Fahrbahn
CALZADA RESBALADITA	Schleudergefahr
CEDA EL PASO	Vorfahrt gewähren
CURVA PELIGROSA	gefährliche Kurve
DESPACIO	langsam
DESVIACIÓN	Umleitung
DIRECCIÓN OBLIGATORIA	Einbahnstraße
ESCUELA	Schule
ESTACIONAMIENTO PROHIBIDO	Parkverbot
OBRAS	Baustelle
PARE oder **ALTO**	Anhalten
PASO A NIVEL	Bahnübergang
PEAJE	Autobahngebühr
PROHIBIDO EL PASO	Einfahrt verboten
PROHIBIDO ADELANTAR	Überholverbot
SALIDA DE FÁBRICA	Fabrikausfahrt

Da in vielen Städten und Dörfern die Straßen sehr schmal sind, hat man das ***Parkverbot*** *auf eine Straßenseite beschränkt. Meist stehen unter dem „Halteverbotzeichen“ Zahlen, die sich auf das Datum beziehen: 1–15 heißt „in der ersten Monatshälfte darf auf dieser Straßenseite nicht geparkt werden“ und auf der anderen Straßenseite steht entsprechend 16–31.*

Krank sein

Es empfiehlt sich natürlich nicht, im Urlaub krank zu werden. Sollte es doch passieren, dann fragt man zuerst:

¿Dónde hay una farmacia/un médico/ un hospital?
Wo gibt's eine Apotheke/einen Arzt/ ein Krankenhaus?

¿Habla usted alemán?
Sprechen Sie Deutsch?

Me ha picado ...
Mich hat ... gestochen.

Me ha mordido ...
Mich hat ... gebissen.

... una abeja	... eine Biene
... una avispa	... eine Wespe
... una medusa	... eine Qualle
... un mosquito	... eine Mücke
... un perro	... ein Hund
... una serpiente	... eine Schlange

Necesito algo contra ...
Ich brauche etwas gegen ...

... los dolores	Schmerzen
... los dolores de cabeza	Kopfschmerzen
... las náuseas	Übelkeit
... la tos	Husten
... la fiebre	Fieber
... quemaduras del sol	Sonnenbrand
... picaduras	Insektenstiche

Me duele aquí.
mich (er-)schmerzt hier
Hier tut es weh.

Me duelen los ojos.
mir (sie-)schmerzen die Augen
Meine Augen schmerzen.

Me siento mareado.
mich (ich-)fühle schwindelig
Mir ist schwindelig.

Tengo dolores de estómago/cabeza/espalda.
(ich-)habe Schmerzen von Magen/Kopf/Rücken
Ich habe Magen-, Kopf-, Rückenschmerzen.

Me corté el dedo.
mich (ich-)schnitt der Finger
Ich habe mir in den Finger geschnitten.

Me quemé aquí.
mich (ich-)brannte hier
Ich habe mich hier verbrannt.

Me caí.
mich (ich-)fiel
Ich bin hingefallen.

Me resbalé.
mich (ich-)ausglitt
Ich bin ausgerutscht.

Necesito un recibo y un diagnóstico detallado para mi seguro.
(ich-)brauche ein Quittung und ein Diagnose detailliert für mein Versicherung
Ich brauche eine Quittung und einen Diagnosebericht für meine Versicherung.

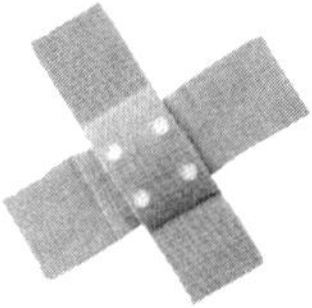

Zahnarzt

Tengo dolor de muelas.
(ich-)habe Schmerz von Backenzähne
Ich habe Zahnschmerzen.

Por favor, no me lo saque.
für Gefallen nicht mir ihn ziehen(-Sie)
Bitte den Zahn nicht ziehen.

Por favor, déme una inyección.
für Gefallen geben(-Sie)-mir eine Spritze
Geben Sie mir bitte eine Spritze.

No quiero una inyección.
nicht (ich-)will eine Spritze
Ich möchte keine Spritze.

farmacia	Apotheke
oculista *(m)*	Augenarzt
cirujano	Chirurg
ginecólogo	Frauenarzt
dermatólogo	Hautarzt
otorrinolaringólogo	HNO-Arzt
internista *(m)*	Internist
hospital *(m)*	Krankenhaus
receta	Rezept
comprimido	Tablette
gotas *(Mz)*	Tropfen
accidente *(m)*	Unfall
dentista *(m)*	Zahnarzt
supositorio	Zäpfchen

RENFE

Lateinamerikanisches Spanisch

Die **Anrede** ist sehr verschieden: In Lateinamerika wird das normale „ihr" nicht gebraucht. Stattdessen benutzt man ustedes (Sie, Mz).

Deutschland	Spanien (E)	Lateinamerika (LA)
du singst	**tú cantas**	**vos cantás**
ihr singt	**vosotros cantáis**	**ustedes cantan**

Auch in der **Aussprache** gibt es Unterschiede.

z und **c** (bei **ce, ei)**	(E) oft wie englisches **„th"** (LA) immer wie deutsches **„ß"**
ll und **y** vor Vokal	(E) wie normales **„j"** (LA) wie **„sch"** in Dschungel
s und **z** am Wortende	(LA) nur flüchtig gehaucht **feliz** (glücklich) *felih* **estoy** (ich bin) *ehtoi*

Und schließlich gibt es auch im ***Wortschatz*** *viele Unterschiede, besonders bei Ausdrücken des täglichen Lebens. Wer nach Lateinamerika fährt, dem empfehle ich Band 5 der Kauderwelsch-Reihe „Spanisch für Lateinamerika". Er geht auf die konkrete Situation des Reisens und Sprechens in der Neuen Welt ein und ist dort entschieden brauchbarer. Außerdem gibt es zu den meisten lateinamerikanischen Staaten einen eigenen Kauderwelsch-Band.*

Baskisch (Mini-Sprachführer)

Da Baskisch mit den anderen drei spanischen Sprachen nicht verwandt ist und auch keine Ähnlichkeit aufweist, halte ich es für angebracht, wenigstens einige Grundbegriffe vorzustellen.

Wenn Sie Interesse an einem ausführlicheren Baskisch-Sprechführer haben, kann ich Ihnen unseren Baskisch-Kauderwelsch, Band-Nr. 140 empfehlen: ISBN: 3-89416-509-X. *Dazu gibt es auch eine Begleitkassette:* ISBN: 3-89416-440-9.

Grüßen

Egun on	Guten Morgen
Arratsalde on	Guten Tag
Gau on	Guten Abend/Nacht
¿Nola zabiltza?	Wie geht es Ihnen?
Ederki, eskerrik asko.	Sehr gut, danke.
Ikusi arte	Auf Wiedersehen
Laster arte	Bis bald
Bihar arte	Bis morgen

Höflichkeiten

... dut izena	Ich heiße ...
Urte askotarako	Angenehm
Eskerrik asko	Danke
Milesker	Vielen Dank
Mesedez	Bitte
¡Osasuna izan!	Prost!
Barka	Entschuldigung

Rufe

¡Aizu!	Kellner!
¡Emaidazu!	Geben Sie mir!
¡Etor zaite hona!	Kommen Sie her!
¡Hel, hel ni!	Hilfe!
¡Ixilik!	Ruhe!
¡Kontua!	Die Rechnung!
¡Ongi!	Gut!

Schilder

Alokagai dago	Zu vermieten
Andreak	Damen
Bultz egin	Drücken
Ez dago hartuta	Frei
Ezin pasa	Kein Zutritt
Harturik dago	Besetzt
Hertsirik, itxirik	Geschlossen
Igangailu	Aufzug
Irteera	Ausgang
Jaunak	Herren
Konketak	Toiletten
Kontuz	Achtung
Salgai dago	Zu verkaufen
Sarrera	Eingang
Tira egin	Ziehen
Zabalik	Geöffnet

Fragen

¿Espaniolez hitz egiten duzu?	Sprechen Sie Spanisch?
¿Ulertzen duzu?	Verstehen Sie?
¿Zer nahi duzu?	Was wollen Sie?
... ba al duzue?	Haben Sie ...?

Bejahung und Verneinung

Bai.	Ja.
Behar bada.	Vielleicht.
Bai, ongi.	Einverstanden.
Ez.	Nein.
Damu dut.	Tut mir leid.
Ez dut ulertzen.	Ich verstehe nicht.

Zahlen

1	Bat
2	Bi
3	Hiru
4	Lau
5	Bost
6	Sei
7	Zazpi
8	Zortzi
9	Bederatzi
10	Hamar

CARAMELOS
OFERTAS EN PIRULETAS
Y FIGURAS DE AZUCAR
PRECIOS DE FABRICA
SE HACE PUBLICIDAD EN LOS CARAMELOS

A-Z Deutsch – Spanisch

Dieses Vokabular ist kein vollständiges Wörterbuch, sondern ein Grundwortschatz mit den 1.000 wichtigsten und häufigsten spanischen Wörtern. Wenn Sie diese alle oder zum größten Teil können, wird sie keiner mehr für einen Anfänger halten.

*Hauptwörter auf **-o** sind männlich (m), auf **-a** weiblich (f), auf **-(e)s** Mehrzahl (pl). In Zweifelsfällen ist immer m, f oder pl angegeben.*

A

Abendbrot cena
aber pero
abholen recoger
Absicht intención, *f*
Abteil departamento
Achtung cuidado
Adresse señas
ähnlich parecido
alle todos
Allee avenida
alles zusammen en total
allgemein general
also pues
alt viejo; antiguo
Ampel semáforo
Ananas piña
Andenken recuerdo
andere otro
anders de otra manera
anfangen empezar
angenehm agradable
Angestellter empleado
anhalten parar
ankommen llegar
anpassen probarse
anschalten encender
anschauen mirar
antworten contestar
anziehen ponerse
Anzug traje, *m*
Apfel manzana
Apotheke farmacia
arbeiten trabajar
Arbeiter obrero
Arbeit trabajo
arm pobre
Art especie, *f*
Arzt médico
Aschenbecher cenicero
auch también
auch nicht tampoco
auf sobre
auf diese Weise de esta manera
aufhören dejar de; terminar
aufräumen arreglar
aufschreiben apuntar
aufstehen levantarse
aufwachen despertarse
Aufzug ascensor, *m*
Auge ojo
Ausflug excursión, *f*
ausführen exportar
Ausgang salida; éxito
ausgeben gastar
ausgezeichnet excelente
ausländisch extranjero
ausschalten apagar
Aussehen aspecto
außen fuera
außerdem además
aussteigen bajar

ausziehen quitarse
Auto coche, m
Autobahn autopista

B

Bademantel albornoz, *m*
baden bañarse
Badezimmer baño
Bäckerei panadería
Bahnhof estación, *f*
Bahnsteig andén, *m*
bald pronto
Ball pelota
Banane plátano
Bank banco
Baum árbol, *m*
bedauern sentir
Bedingung condición, *f*
begrüßen saludar
bekannt conocido
bekommen recibir
belästigen molestar
belegtes Brot bocadillo
bemerken darse cuenta
Benzin gasolina
bequem cómodo
Berg montaña
berühmt famoso
berühren tocar
besonders especial
besser mejor
Besteck cubierto
besuchen visitar
betrunken borracho
Bett cama
Bettlaken sábana
bevor antes de
Bewohner habitante, *m*
bezahlen pagar
Bier cerveza
Bild cuadro
Bild dibujo
billig barato
Birne pera
bis hasta
bitte por favor
bitten pedir
Blatt hoja
blau azul
bleiben quedarse
Bleistift lápiz
blond rubio
Blume flor, *f*
Boden suelo
böse werden enfadarse
Bohne judía
Botschaft consulado
Bratpfanne sartén, *f*
brauchen necesitar
braun marrón
breit ancho
Brief carta
Briefmarke sello
Brille gafas
bringen traer
Brot pan, *m*
Bruder hermano
Brücke puente, *m*
Buch libro
Büro oficina; despacho
Bürste cepillo
Burg castillo
Bus autobús, *m*
Butter mantequilla

C & D

Café bar, *m*
Chef jefe, *m*; patrón, *m*
da ahí
Dame señora
damit para que
danke gracias
dann entonces; pues
das da eso; aquello
dasselbe lo mismo
das was lo que
das Wichtigste lo más importante
dass que
dauern tardar
Dauerwelle permanente, *f*
Decke manta

dein tu
den ganzen Tag todo el día
deutlich distinto
deutsch alemán
Dezember diciembre, *m*
dich te
dick gordo
Dienstag martes, *m*
dies esto
dir te
Donnerstag jueves, *m*
doppelt doble
Dorf pueblo
dort allí
Dose lata
drinnen dentro
dunkelbraun moreno
Durst sed, *f*
Dusche ducha
du tú

E

echt auténtico
Ehemann marido
Eigentümer dueño
Ei huevo
Eile prisa
Eimer bote, *m*
Eindruck impresión, *f*
einfach sencillo
einführen importar
Eingang entrada
einige unos
einladen invitar
einsteigen subir
Eintritt entrada
Eintrittskarte billete, *m*
einverstanden de acuerdo; vale
einziger único
Eis helado
Eltern padres
empfehlen recomendar
endlich por fin; en fin
eng estrecho
englisch inglés
Entschuldigung perdón
enttäuscht desilusionado
entzückt encantado
er él
Erbse guisante, *m*
Erdbeere fresa
Erfahrung experiencia
Erfolg éxito
Erfrischung refresco
erklären explicar
erlauben permitir
erster primero
erzählen contar
es gibt hay
essen comer
es stellt sich heraus resulta que
Etage piso
etwas algo
etwas tun werden ir a ...
euch os
euer vuestro
europäisch europeo

F

fahren conducir
Fahrkarte billete, m
fallen caer
Familienname apellido
Farbe color, m
Februar febrero
fehlen faltar
fein fino
Feld campo
Fenster ventana
Ferien vacaciones
Fernsehen televisón, *f*
Fett grasa
feucht húmedo
Feuer fuego
Fieber fiebre, *f*
Film película
finden encontrar
Finger dedo
Fisch pescado

Fischgeschäft pescadería
Flasche botella
Fleisch carne, *f*
Flughafen aeropuerto
Flugzeug avión, m
Fluss río
folgend siguiente
folgen seguir
Foto foto, *f*
Fräulein señorita
fragen preguntar
Frau mujer, *f*
frei libre
Freitag viernes, *m*
fremd extranjero
Freude alegría
Freund amigo
Freundin amiga
Friseur *(Laden)* peluquería
Frühling primavera
Frühstück desayuno
frühstücken desayunar
früh temprano
fühlen sentirse
Führerschein carnet de conducir, *m*
für para
funktionieren funcionar
Fußball fútbol, *m*
Fuß pie, *m*

G

Gabel tenedor, *m*
ganz todo; entero
Garage garaje, *m*
Garten jardín, *m*
Gast huésped, *m*
gebacken frito
Gebäude echar
geben dar
geboren werden nacer
gebraten asado
Geburtstag cumpleaños, *m*
gefährlich peligroso
Gefallen favor
gefallen gustar
Gegend región, *f*
gegenüber (von) enfrente (de)
Geheimnis secreto
gehen ir
gelb amarillo
Geld dinero
Geldautomat cajero automático
Gelegenheit oportunidad, f
Gemüse verdura
genügend suficiente
genug bastante
Gepäckaufbewahrung consigna
gerade getan haben acabar de
Geschäft tienda
Geschenk regalo
Geschirr platos
Geschmack gusto
Gesicht cara
gestern ayer
gestern Abend anoche
gesund sano
Gesundheit salud, *f*
Gewerkschaft sindicato
Gewicht peso
gewinnen ganar
Gitarre guitarra
Glas copa; vaso; *(Material)* vidrio
glauben creer
gleich igual
Glück suerte, *f*
glücklich feliz
Glückwunsch felicidades
Gott Dios
Gramm gramo
gratulieren felicitar
grau gris
grausam cruel
groß grande
Größe tamaño
grün verde
Grund razón
Gruppe grupo
Gruß recuerdo

Gürtel cinturón, *m*
gut bueno; *(Adverb)* bien

H

Haar pelo
haben tener
Hähnchen pollo
Hälfte mitad, *f*
hässlich feo
Hafen puerto
halb medio
hallo hola
Haltestelle parada
handeln von tratar de
Hand mano, *f*
Handtuch toalla
hart duro
Hauptgewinn gordo
Hauptstadt capital, *f*
Haus casa
Haut piel, *f*
heiß caliente
heißen llamarse
Heizung calefacción, *f*
helfen ayudar
Hemd camisa
herausnehmen sacar
Herbst otoño
herein adelante
Herr señor, *m*; caballero
Herz corazón, *f*
herzlich afectuoso
heute hoy
hier aquí
Hinfahrt ida
hinter detrás de
Hitze calor, *m*
hoch alto
Hochzeit boda
höflich cortés
hoffentlich ojalá
hören oir
Holz madera
Honig miel, *f*
Hose pantalón, *m*
hübsch bonito; guapo
Hund perro
Hunger hambre, *f* (el)
Hut sombrero

I

ich yo
ihr *(besitzanzeigend)* su
ihr vosotros
immer siempre
in en
inbegriffen incluido
innerhalb dentro
Insel isla
Interview entrevista
irgendein algún

J

Jacke chaqueta
Jahr año
Januar enero
ja sí
jeder cada
jemand alguien
jener aquel
jetzt ahora
jung joven
Junge chico

K

kämpfen luchar
Käse queso
Kaffee café, *m*
kalt frío
Kamm peine, *m*
kaputt roto; estropeado
Kartoffel patata
Katze gato
kaufen comprar
kaum apenas
keine Ursache de nada
keiner ninguno

Kellner camarero; mozo
kennen conocer
Kerze vela
Kind niño; niña
Kino cine, *m*
Kirche iglesia
Kiste caja
klar claro
Kleidung ropa
Kleid vestido
klein pequeño
Kneipe taberna
Knie rodilla
König rey, *m*
können poder
Koffer maleta
kommen venir; llegar
Konsulat consulado
Kopf cabeza
kosten costar
Kotlett chuleta
krank enfermo; malo
Krankenhaus hospital, *m*
Kuchen pastel, *m*
Küche cocina
Kühlschrank frigorífico; nevera
Kugelschreiber bolígrafo
Kuh vaca
Kuss beso
Küste costa

L

lachen reir
Laden tienda
Lärm ruido
Lampe lámpara
Land país, m
Landschaft paisaje
Landstraße carretera
Landwirtschaft agricultura
lang largo
langsam despacio; lento
langweilig aburrido
lassen dejar
laut alto
Lebensmittel comestibles
Leben vida
leben vivir
Leder piel, *f*
leer vacío
legen poner
Lehrgang curso
leicht fácil; *(Gewicht)* ligero
leider desgraciadamente
lernen aprender; estudiar
lesen leer
letzter último
Leute gente, *f*
Licht luz, *f*
lieben querer
liebenswürdig amable
lieb querido
Lied canción, *f*
links a la izquierda
Lippenstift barra de labios
Liter litro
Löffel cuchara
Lösung solución, *f*
Luft aire, *m*
Lust ganas

M

machen hacer
Mädchen chica
Mahlzeit comida
malen pintar
mal sehen a ver
Mal vez, *f*
manchmal a veces
man muss hay que
Mantel abrigo
Markt mercado
Marmelade mermelada
Maschine máquina
Meer mar, *f* oder *m*
Mehl harina
mehr más
mehr als más que
mein mi

Meinung opinión, *f*
Mensch hombre, *m*
Menü menú, *m*
Messer cuchillo
Metzgerladen carnicería
mich me
mieten alquilar
Migräne jaqueca
Milch leche, *f*
mindestens por lo menos
mir me
mit con
mit dir/mir contigo/conmigo
mitbringen llevar
mitnehmen llevarse
Mittagsruhe/-schlaf siesta
Mittwoch miércoles, *m*
Möbel muebles
möglich posible
Monat mes, *m*
morgen mañana
Motorrad moto, *f*
müde cansado
Mühe pena
müssen tener que; deber
Museum museo
Mutter madre, *f*

N

nach a
nachdem/nachher después
Nachmittag tarde, *f*
Nachricht noticia
Nachtisch postre, *m*
Nacht noche, *f*
nächste próximo
Nagel clavo
nahe cerca
Name nombre, *m*
neben junto a; al lado de
nehmen tomar; coger
nein no
neu nuevo
nicht no
nicht mehr ya no
nichts nada
niedrig bajo
niemand nadie
nie nunca
noch todavía
nochmal otra vez
Norden norte, m
notwendig necesario
nur sólo; solamente

O

ob si
oben arriba
Obst fruta
Obstladen frutería
öffnen abrir
Öl aceite
oft a menudo
ohne sin
Ohr oreja
Onkel tío
Ostern Pascuas

P

Paket paquete, *m*
Papier papel, *m*
parken aparcar
Park parque, *m*
Parkplatz aparcamiento
Partei partido
passieren pasar
Pass pasaporte, *m*
Pesete peseta
Petersilie perejil, *m*
Pfeffer pimienta
Pfirsich melocotón, *m*
Platte disco
Plattenspieler tocadiscos, *m*

Platz plaza; sitio
plaudern charlar
Polizist guardia (civil)
Post Correos, *m*
Postkarte tarjeta postal, *f*
Preis precio
probieren probar
Prost salud, *f*
Prozent por ciento
Prüfung examen, *m*
Pullover jersey, *m*
Puppe muñeca

Q & R

Quelle fuente, *f*
Radio radio, *f*
rauchen fumar
raufgehen subir
rausgehen salir
Rechnung cuenta
Recht razón
rechts a la derecha
rechtzeitig a tiempo
Regierung gobierno
regnen llover
reichen bastar
reich rico
reingehen entrar
reinigen limpiar
reinstecken meter
Reis arroz, *m*
Reise viaje, *m*
reisen viajar
reparieren reparar; arreglar
Restaurant restaurante, *m*
Rezept receta
Richtung dirección, *f*
Rock falda
Rollfilm carrete, *m*
rot rojo
Rückfahrt vuelta
rufen llamar
ruhig tranquilo
rund redondo

S

Sache cosa
Saft zumo
sagen decir
Sahne crema
Salat ensalada
Salz sal, *f*
Samstag sábado
sauber limpio
schade lástima
Schaden daño
scharf picante
Schatten sombra
Scheck cheque, *m*
Scheibe rodaja
scheinen parecer
Scheinwerfer faro
Scheiße mierda
schicken mandar
schießen tirar
Schiff barco
Schinken jamón, *m*
schlafen dormir
schlafen gehen irse a la cama
Schlafzimmer dormitorio
Schlag golpe, *m*
schlecht/schlechter mal/peor
schließen cerrar
Schloss castillo
Schlüssel llave, *f*
schmal estrecho
schmecken gustar
Schmerz dolor, *m*
schmutzig sucio
Schnee nieve, *f*
schneien nevar
schnell rápido; *(Adverb)* de prisa
Schnitzel filete, *m*
Schokolade chocolate, m
schon ya
schon gut está bien
Schrank armario
schreiben escribir

schreien gritar
Schublade cajón
Schuh zapato
Schuld culpa
Schule escuela; *(höhere Schule)* colegio
Schüler alumno
Schwanz cola
schwarz negro
schwer grave; *(Gewicht)* pesado
Schwester hermana
schwierig difícil
Schwimmbad piscina
schwimmen nadar
schwindelig mareado
See lago
sehen ver
sehr muy
sehr gerne con mucho gusto
sehr lange mucho tiempo
Seife jabón, *m*
sein ser; estar
sein (besitzanzeigend) su
seit desde; desde hace
Seite lado
selbe mismo
selbstverständlich desde luego
Sessel sillón, *m*
setzen poner
sich se
sich ausruhen descansar
sich befinden encontrarse
sich befinden estar
sich beschweren protestar
sich etw. brechen romperse
sich entschließen decidirse
sich erinnern acordarse
sich freuen alegrarse
sich irren equivocarse
sich mögen quererse
sich prügeln pelearse
sich rasieren afeitarse
sich setzen sentarse
sich sorgen preocuparse
sich unterhalten divertirse
sich verabreden citarse
sich waschen lavarse
sich zurechtmachen arreglarse
sicher seguro; cierto
sie ella
Sie usted
singen cantar
Situation situación, *f*
Sitzplatz asiento
so así
Socken calcetines
sofort en seguida; ahora mismo
Sohn hijo
Sommer verano
sondern sino
Sonne sol, *m*
Sonnenschirm sombrilla
Sonntag domingo
so tan
soviel tanto
Spanien España
spanisch español
spazierengehen dar un paseo; *(definiert)* caminar
Spaziergang paseo
spielen jugar; *(Instrument)* tocar
Spinne araña
Sport deporte, *m*
sprechen hablar
Stadt ciudad, *f*
stark fuerte
Stecker enchufe, *m*
stehenbleiben pararse
Stein piedra
stellen poner
Stelle puesto
sterben morir
Steuern impuestos
Stewardess azafata
Stierkampf corrida de toros

Strafe pena
Strand playa
Straße calle, *f*
Strauß ramo
Streik huelga
Stroh paja
studieren estudiar
Stück pieza
Stuhl silla
Stunde hora
suchen buscar
Süden sur, *m*
süß dulce
Suppe sopa
sympathisch simpático
System sistema, *m*

T

Tag día, *m*
täglich diario
Tal valle, *m*
Tankstelle estación de servicio, gasolinera
Tante tía
Tanz baile, *m*
tanzen bailar
Tasche bolso
Taschenmesser navaja
Taschentuch pañuelo
Tasse taza
Taube paloma
taub sordo
Teelöffel cucharilla
Tee té, *m*
Teil parte, *f*
Telefon teléfono
Teller plato
Teppich alfombra
teuer caro
Theater teatro
Tier animal, *m*
Tintenfisch calamar, *m*
Tisch mesa
Tischtuch mantel, *m*
Toast tostada
Tochter hija
töten matar
Toilette servicios; lavabo
toll estupendo
Tomate tomate, *m*
tragen llevar
traurig triste
treffen encontrarse
trinkbar potable
trinken beber
Trinkgeld propina
Trinkglas vaso
trocken seco
Tropfen gota
tschüss adiós
Tür puerta
Tüte bolsa
Turm torre, *f*
typisch típico

U

über sobre
überhaupt en absoluto
übermorgen pasado mañana
überzeugt convencido
übrigsein quedar
Ufer orilla
Uhr reloj, *m*
umtauschen cambiar
und y
Unfall accidente, *m*
ungefähr más o menos
unmöglich imposible
uns nos
unser nuestro
unter bajo; debajo de
Unterschied diferenca
unterschreiben firmar

V

Vase florero
Vater padre, *m*
Verabredung cita
verbessern mejorar
verbieten prohibir
verdienen ganar

vergangen pasado
vergeben perdonar
vergessen olvidar
verheiratet casado
verkaufen vender
Verkehr tráfico
verlieren perder
Verlobte novia
Verlobter novio
verrückt loco
verschiedene varios
Verspätung retraso
versprechen prometer
verstehen entender; comprender
Vertrag contrato
viel mucho
vielen Dank muchas gracias
vielleicht quizás
viereckig cuadrado
Viertel cuarto
völlig totalmente
Vogel pájaro
Volk pueblo
voll lleno; completo
von de
vor *(zeitl.)* antes de; *(örtl.)* delante de
vorbereiten preparar
vorher antes
vorstellen presentar
vorwärts adelante
vorziehen preferir

W

während durante
Wagen coche, *m*
Wahrheit verdad, *f*
wahrscheinlich probable
Wald bosque, *m*
Wand pared, *f*
wann cuándo
warten esperar
warum por qué
was qué
Waschbecken lavabo
Wasser agua (el)
Weg camino
weggehen irse; marcharse
wegnehmen quitar
weh tun doler
Weihnachten Navidad, *f*
weil porque
Wein vino
weinen llorar
Weintraube uva
weiß blanco
weit entfernt (von) lejos (de)
weitermachen seguir
welcher cuál
Welt mundo
wenig poco
weniger menos
wenn si
wenn nicht si no
werden ponerse
werfen tirar
Werkstatt taller, *m*
wer quién
Westen oeste, *m*
wichtig importante
wichtig sein importar
wie como
wiederholen repetir
wieder tun volver a hacer
wieviel cuánto
wieviele cuántos
Wind viento
Winter invierno
wir nosotros
wissen saber
wo dónde
Woche semana
wohin adónde
Wohnung piso
Wohnwagen rulota
Wohnzimmer cuarto de estar; sala de estar
Wolke nube, *f*
Wolle lana
wollen querer
Wort palabra
wünschen desear

Z

zählen contar
zärtlich cariñoso; tierno
Zahl número
Zahn diente, *m*
Zahnarzt dentista, *m*
Zeh dedo
zeigen enseñar
Zeit iempo
Zeitschrift revista
Zeitung periódico
Zelt tienda de campana
Zentrum centro
zerstreut distraído
Zettel ficha
Zeuge testigo
Ziel destino
ziemlich bastante
Zigarette cigarillo
Zimmer cuarto; habitación, *f*
Zimt canela
Zitrone limón, *m*
Zoll aduana
zu a; hacia
zu Abend essen cenar
zu Fuß gehen andar
zu Hause en casa
Zucker azúcar, *m*
zufrieden contento
Zug tren, *m*
zum Beispiel por ejemplo
zurückkommen volver
zusammen juntos
zusammenstoßen chocar con
zu *(sehr/viel)* demasiado
Zweifel duda
zwei Wochen quince días
Zwiebel cebolla
zwischen entre

REAL PLAZA DE TOROS DE
CHINCHON
A las 6,30 de la tarde
GRAN NOVILLADA CON PICADORES
CUATRO
Don Gabriel Hernández García
Sensacional MANO A MANO
JOSE CARLOS LIMA
REGINO AGUDO
CHINCHÓN CLARO QUE SÍ!
Chinchón de la Alcoholera
¡Precios populares en taquilla!
Orquesta NEVADA
Chinchón
Viña Galiana
Carbonell
FINO SOLERA FINA
VIÑA UNZAGA

A

a zu; nach
abrigo Mantel
abrir öffnen
aburrido langweilig
acabar de gerade getan haben
accidente, *m* Unfall
aceite Öl
acordarse sich erinnern
adelante vorwärts; herein
además außerdem
adiós tschüss
adónde wohin
aduana Zoll
aeropuerto Flughafen
afectuoso herzlich
afeitarse sich rasieren
agradable angenehm
agricultura Landwirtschaft
agua (el) Wasser
ahí da
ahora jetzt
ahora mismo sofort
a la derecha rechts
a la izquierda links
aire, *m* Luft
albornoz, *m* Bademantel
alegrarse sich freuen
alegría Freude
alemán deutsch
alfombra Teppich
algo etwas
alguien jemand
algún irgendein
al lado de neben
alquilar mieten
alto hoch; laut
allí dort
amable liebenswürdig
amarillo gelb
amigo Freund
amiga Freundin
ancho breit
andar zu Fuß gehen
andén, *m* Bahnsteig
animal, *m* Tier
anoche gestern abend
antes vorher
antes de vor; bevor
antiguo alt
año Jahr
apagar ausschalten
aparcamiento Parkplatz
aparcar parken
apellido Familienname
apenas kaum
aprender lernen
apuntar aufschreiben
aquel jener
aquello das da
aquí hier
araña Spinne
árbol, *m* Baum
armario Schrank
arreglar aufräumen; reparieren
arreglarse sich zurechtmachen
arriba oben
arroz, *m* Reis
asado gebraten
ascensor, *m* Aufzug
así so
asiento Sitzplatz
aspecto Aussehen
a tiempo rechtzeitig
auténtico echt
autobús, *m* Bus
autopista Autobahn
avenida Allee
a veces manchmal
a ver mal sehen
avión, *m* Flugzeug
ayer gestern
ayudar helfen
azafata Stewardess
azúcar, *m* Zucker
azul blau

B

bailar tanzen
baile, *m* Tanz
bajar aussteigen

bajo niedrig; unter
banco Bank
bañarse baden
baño Badezimmer
bar, *m* Imbiss-Stube; Café
barato billig
barco Schiff
barra de labios Lippenstift
bastante ziemlich; genug
bastar reichen
beber trinken
beso Kuss
bien gut
billete, *m* Fahrkarte; Eintrittskarte
blanco weiß
bocadillo belegtes Brot
boda Hochzeit
bolígrafo Kugelschreiber
bolsa Tüte
bolso Tasche
bonito hübsch
borracho betrunken
bosque, *m* Wald
bote, *m* Eimer
botella Flasche
bueno gut
buscar suchen

C

caballero Herr
cabeza Kopf
cacharro Geschirr
cada jeder
caer fallen
café, *m* Kaffee
caja Kiste
cajero automático Geldautomat
cajón Schublade
calamar, *m* Tintenfisch
calcetines Socken
calefacción, *f* Heizung
caliente heiß
calor, *m* Hitze
calle, *f* Straße
cama Bett
camarero Kellner
cambiar umtauschen
caminar spazierengehen
camino Weg
camisa Hemd
campo Feld
canela Zimt
canción, *f* Lied
cansado müde
cantar singen
capital, *f* Hauptstadt
cara Gesicht
carne, *f* Fleisch
carnicería Metzgerladen
carnet de conducir, *m* Führerschein
caro teuer
carrete, *m* Film *(Foto)*
carretera Landstraße
carta Brief
casa Haus
casado verheiratet
castillo Burg; Schloss
cebolla Zwiebel
cena Abendbrot
cenar zu Abend essen
cenicero Aschenbecher
centro Zentrum
cepillo Bürste
cerca nahe
cerrar schließen
cerveza Bier
cierto sicher
cigarillo Zigarette
cine, *m* Kino
cinturón, *m* Gürtel
cita Verabredung
citarse sich verabreden
ciudad, *f* Stadt
claro klar
clavo Nagel
cocina Küche
coche, *m* Wagen; Auto
coger nehmen
colegio Schule
cola Schwanz
color, *m* Farbe

comer essen
comestibles Lebensmittel
comida Mahlzeit
como wie
cómodo bequem
completo voll
comprar kaufen
comprender verstehen
con mit
con mucho gusto sehr gerne
condición, *f* Bedingung
conducir fahren
conmigo mit mir
conocer kennen
conocido bekannt
consigna Gepäckaufbewahrung
consulado Konsulat
contar zählen; erzählen
contento zufrieden
contestar antworten
contigo mit dir
contrato Vertrag
convencido überzeugt
coña Scheiße
copa Trinkglas; Drink
corazón, *f* Herz
Correos, *m* Post
corrida de toros Stierkampf
corto kurz
cosa Sache
costa Küste
costar kosten
creer glauben
crema Sahne
cristal, *m* Glas
cruel grausam
cuadrado viereckig
cuadro Bild
cuál welcher
cualquiera irgendein
cuándo wann
cuánto(s) wieviel(e)
cuarto Zimmer; Viertel
cuarto de estar Wohnzimmer
cubierto Besteck
cuchara Löffel
cucharilla Teelöffel
cuchillo Messer
cuenta Rechnung
cuidado Achtung
culpa Schuld
cumpleaños, *m* Geburtstag
curso Lehrgang

CH

chaqueta Jacke
charlar plaudern
cheque, *m* Check
chica Mädchen
chico Junge
chocar con zusammenstoßen
chocolate, *m* Schokolade
chuleta Kotlett

D

daño Schaden
dar geben
darse cuenta bemerken
dar un paseo spazierengehen
de von
de acuerdo einverstanden
debajo de unter
deber müssen
decidirse sich entschließen
decir sagen
dedo Finger; Zeh
de esta manera auf diese Weise
dejar lassen
dejar de aufhören
delante de vor
demasiado zu *(sehr/viel)*
de nada keine Ursache

dentista, *m* Zahnarzt
dentro drinnen; innerhalb
de otra manera anders
departamento Abteil
deporte, *m* Sport
de prisa schnell
derecha rechts
desayunar frühstücken
desayuno Frühstück
descansar sich ausruhen
desde seit
desde hace seit
desde luego selbstverständlich
desear wünschen
desgraciadamente leider
desilusionado enttäuscht
despacho Büro
despertarse aufwachen
despacio langsam
después nachher
después de nach; nachdem
destino Ziel
detrás de hinter
día, *m* Tag
diario täglich
dibujo Bild
diciembre, *m* Dezember
diente, m Zahn
diferencia Unterschied
difícil schwierig
dinero Geld
Dios Gott
dirección, *f* Richtung
disco Platte
distinto deutlich
distraído zerstreut
divertirse sich unterhalten
doble doppelt
doler weh tun; schmerzen
dolor, *m* Schmerz
domingo Sonntag
dónde wo
dormir schlafen
dormitorio Schlafzimmer
ducha Dusche
duda Zweifel
dueño Eigentümer
dulce süß
durante während
duro hart

E

echar werfen
edificio Gebäude
él er
ella sie
empezar anfangen
empleado Angestellter
en in
en absoluto überhaupt
encantado entzückt
en casa zu Hause
encender anschalten
encontrar finden
encontrarse treffen; sich befinden
enchufe, *m* Stecker
enero Januar
enfadarse böse werden
enfermo krank
en fin endlich
enfrente gegenüber
enfrente de gegenüber von
ensalada Salat
en seguida sofort
enseñar zeigen
entender verstehen
entero ganz
entonces dann
en total alles zusammen
entrada Eingang; Eintritt
entrar reingehen
entre zwischen
entrevista Interview
equivocarse sich irren
escribir schreiben
escuela Schule
ese, *m* der da
esa, *f* die da
eso das da

España Spanien
español spanisch
especial besonders
especie, *f* Art
esperar warten
está bien schon gut
estación, *f* Bahnhof
estación de servicio Tankstelle
estar sein; sich befinden
este, *m* dieser
esta, *f* diese
esto dies
estrecho eng; schmal
estropeado kaputt
estudiar lernen, studieren
estupendo toll
europeo europäisch
examen, *m* Prüfung
excelente ausgezeichnet
excursión, *f* Ausflug
éxito Erfolg; Ausgang
experiencia Erfahrung
explicar erklären
exportar ausführen
extranjero ausländisch; fremd

F

fácil leicht
falda Rock
faltar fehlen
famoso berühmt
farmacia Apotheke
faro Scheinwerfer
favor Gefallen
febrero Februar
felicidades Glückwunsch
felicitar gratulieren
feliz glücklich
feo hässlich
ficha Zettel
fiebre, *f* Fieber
filete, *m* Schnitzel
fino fein; höflich
firmar unterschreiben
flor, *f* Blume
foto, *f* Foto
fresa Erdbeere
frigorífico Kühlschrank
frío kalt
frito gebacken
fruta Obst
fuego Feuer
fuente, *f* Quelle
fuera außen
fuerte stark
fumar rauchen
funcionar funktionieren
fútbol, *m* Fußball

G

gafas Brille
ganar gewinnen; verdienen
ganas Lust
garaje, *m* Garage
gasolina Benzin
gastar ausgeben
gato Katze
general allgemein
gente, *f* Leute
gobierno Regierung
golpe, *m* Schlag
gordo dick; Hauptgewinn
gota Tropfen
gracias danke
gramo Gramm
grande groß
grasa Fett
grave schwer
gris grau
gritar schreien
grupo Gruppe
guapo hübsch
guardia (civil) Polizist
guisante, *m* Erbse
guitarra Gitarre
gustar gefallen; schmecken
gusto Geschmack

H

haber haben
habitación, *f* Zimmer
habitante, m Bewohner
hablar sprechen
hacer machen
hacía zu *(Richtung)*
hambre, *f* (el) Hunger
harina Mehl
hasta bis
hay es gibt
hay que man muss
helado Eis
hermana Schwester
hermano Bruder
hija Tochter
hijo Sohn
hoja Blatt
hola hallo
hombre, *m* Mensch
hora Stunde
hospital, *m* Krankenhaus
hoy heute
huelga Streik
huésped, *m* Gast
huevo Ei
húmedo feucht

I

ida Hinfahrt
iglesia Kirche
igual gleich
importante wichtig
importar wichtig sein; einführen; importieren
imposible unmöglich
impresión, *f* Eindruck
impuestos Steuern
incluido inbegriffen
inglés englisch
intención, *f* Absicht
invierno Winter
invitar einladen
ir gehen
ir a ... etwas tun werden
irse weggehen
irse a la cama schlafen gehen
isla Insel
izquierda links

J

jabón, *m* Seife
jamón, *m* Schinken
jaqueca Migräne
jardín, *m* Garten
jarrón, *m* Vase
jefe, m Chef
jersey, *m* Pullover
joven jung
judía Bohne
jueves, *m* Donnerstag
jugar spielen
junto a neben
juntos zusammen

L

lado Seite
lago See
lámpara Lampe
lana Wolle
lápiz Bleistift
largo lang
lástima schade
lata Dose
lavabo Waschbecken; Toilette
lavar(se) (sich) waschen
leche, *f* Milch
leer lesen
lejos weit entfernt
lejos de weit entfernt von
lento langsam
levantarse aufstehen
libre frei
libro Buch
ligero leicht

limón, m Zitrone
limpiar reinigen
limpio sauber
litro Liter
loco verrückt
lo más importante das Wichtigste
lo mismo dasselbe
lo que das was
luchar kämpfen
lugar, *m* dann
luz, *f* Licht

LL

llamar rufen
llamarse heißen
llave, *f* Schlüssel
llegar (an)kommen
lleno voll
llevar tragen; mitbringen
llevarse mitnehmen
llorar weinen
llover regnen

M

madera Holz
madre, *f* Mutter
mal schlecht
maleta Koffer
malo krank
mandar schicken
mano, *f* Hand
manta Decke
mantel, *m* Tischtuch
mantequilla Butter
manzana Apfel
mañana morgen
máquina Maschine
mar, *m* Meer
marcharse weggehen
mareado schwindelig
marido Ehemann
marrón braun
martes, *m* Dienstag
más mehr
más o menos ungefähr
más que mehr als
matar töten
me mich; mir
médico Arzt
medio halb
mejor besser
mejorar verbessern
melocotón, *m* Pfirsich
menos weniger
-mente *(Adverb-Endung)*
menú, *m* Menü
a menudo oft
mercado Markt
mermelada Marmelade
mes, *m* Monat
mesa Tisch
meter reinstecken
mi mein
mí mich; mir
miel, *f* Honig
miércoles, *m* Mittwoch
mío mein
mirar anschauen
mismo selbe
mitad, *f* Hälfte
molestar belästigen
montaña Berg
moreno dunkelbraun
morir sterben
moto, *f* Motorrad
mozo Kellner
muchas gracias vielen Dank
mucho viel
mucho tiempo sehr lange
muebles Möbel
mujer, *f* Frau
mundo Welt
muñeca Puppe
museo Museum
muy sehr

N

nada nichts
nadar schwimmen
nadie niemand
navaja Taschenmesser
Navidad, *f* Weihnachten
necesario notwendig
necesitar brauchen
negocio Geschäft
negro schwarz
nevar schneien
nevera Kühlschrank
nieve, *f* Schnee
ninguno keiner
niño Kind, *m*
niña Kind, *f*
no nein; nicht
noche, *f* Nacht
nombre, *m* Name
norte, *m* Norden
nos uns
nosotros wir
noticia Nachricht
novia Verlobte; Freundin
novio Verlobter; Freund
nube, *f* Wolke
nuestro unser
nuevo neu
número Zahl
nunca nie

O

obrero Arbeiter
oeste, *m* Westen
oficina Büro
oir hören
ojo Auge
olvidar vergessen
oportunidad, *f* Gelegenheit
opinión, *f* Meinung
oreja Ohr
orilla Ufer
os euch
otoño Herbst
otra vez nochmal
otro andere

P

padre, *m* Vater
padres Eltern
pagar bezahlen
país, *m* Land
paisaje Landschaft
paja Stroh
pájaro Vogel
palabra Wort
paloma Taube
pan, *m* Brot
panadería Bäckerei
pantalón, *m* Hose
pañuelo Taschentuch
papel, *m* Papier
paquete, *m* Paket
para für
parada Haltestelle
para que damit
parar anhalten
pararse stehenbleiben
parecer scheinen
parecido ähnlich
pared, *f* Wand
parque, *m* Park
parte, *f* Teil
partido Partei
pasado vergangen
pasado mañana übermorgen
pasaporte, *m* Pass
pasar weitergehen; passieren
Pascuas Ostern
paseo Spaziergang
pastel, *m* Kuchen
patata Kartoffel
patrón, *m* Chef
pedazo Stück
pedir bitten
peine, *m* Kamm
pelearse sich prügeln
película Film
peligroso gefährlich
pelo Haar

pelota Ball
peluquería Friseur *(Laden)*
pena Strafe; Mühe
peor schlechter
pequeño klein
pera Birne
perder verlieren
perdón Entschuldigung
perdonar vergeben
perejil, *m* Petersilie
periódico Zeitung
permanente, *m* Dauerwelle
permitir erlauben
pero aber
perro Hund
pesado schwer
pesado langweilig
pescadería Fischgeschäft
pescado Fisch
peseta Pesete
peso Gewicht
picante scharf
pie, *m* Fuß
piedra Stein
piel, *f* Haut; Leder
pieza Teil
pimienta Pfeffer
pintar malen
piña Ananas
piscina Schwimmbad
piso Wohnung; Etage
plátano Banane
plato Teller
playa Strand
plaza Platz
pobre arm
poco wenig
poder können
pollo Hähnchen
poner setzen; stellen; legen
ponerse werden; anziehen
por durch
por ciento Prozent
por cierto sicher
por ejemplo zum Beispiel
por fin endlich
por favor bitte
por lo menos mindestens
por qué warum
porque weil
posible möglich
postre, *m* Nachtisch
potable trinkbar
precio Preis
preferir vorziehen
preguntar fragen
preocuparse sich sorgen
preparar vorbereiten
presentar vorstellen
primavera Frühling
primero erster
prisa Eile
probable wahrscheinlich
probar probieren
probarse anpassen
prohibir verbieten
prometer versprechen
pronto bald
propina Trinkgeld
protestar sich beschweren
próximo nächste
pueblo Dorf; Volk
puente, *m* Brücke
puerta Tür
puerto Hafen
pues also; dann
puesto Stelle

Q

que dass
qué was
quedar übrigsein
quedarse bleiben
querer wollen; lieben
quererse sich mögen
querido lieb
queso Käse
quién wer
quiénes, *pl* wer
quince días zwei Wochen

quitar wegnehmen
quitarse ausziehen
quizás vielleicht

R

radio, f Radio
ramo Strauß
rápido schnell
razón Grund; Vernunft
receta Rezept
recibir bekommen
recoger abholen
recomendar empfehlen
recuerdo Andenken
redondo rund
refresco Erfrischung
regalo Geschenk
región, *f* Gegend
reir lachen
reloj, *m* Uhr
reparar reparieren
repetir wiederholen
restaurante, *m* Restaurant
resulta que es stellt sich heraus
retraso Verspätung
revista Zeitschrift
rey, *m* König
rico reich
río Fluss
rodaja Scheibe
rodilla Knie
rojo rot
romperse brechen
ropa Kleidung
roto kaputt
rubio blond
ruido Lärm
rulota Wohnwagen

S

sábana Bettlaken
sábado Samstag
saber wissen
sacar herausnehmen
sal, *f* Salz
sala de estar Wohnzimmer
salida Ausgang
salir rausgehen
salud, *f* Gesundheit; Prost!
saludar begrüßen
sangría Sangria *(Getränk)*
sano gesund
sartén, *f* Bratpfanne
se sich
seco trocken
secreto Geheimnis
sed, *f* Durst
seguir folgen
seguro sicher
sello Briefmarke
semáforo Ampel
semana Woche
sencillo einfach
sentarse sich setzen
sentir bedauern
sentirse fühlen
señas Adresse
señor, *m* Herr
señora Dame
señorita Fräulein
ser sein
servicios Toilette
si wenn; ob
sí ja
siempre immer
siesta Mittagsruhe; Mittagsschlaf
siguiente folgend
silla Stuhl
sillón, *m* Sessel
simpático sympathisch
sin ohne
sindicato Gewerkschaft
si no wenn nicht
sino sondern
sistema, *m* System
sitio Platz
situación, *f* Situation

sobre auf
sol, *m* Sonne
sólo/solamente nur
solución, *f* Lösung
sombra Schatten
sombrero Hut
sombrilla Sonnenschirm
sopa Suppe
sordo taub
su sein, ihr
suyo sein, ihr
subir raufgehen; einsteigen
sucio schmutzig
suelo Boden
suerte, *f* Glück
suficiente genügend
sur, *m* Süden

T

taberna Kneipe
taller, *m* Werkstatt
también auch
tamaño Größe
tampoco auch nicht
tan so
tanto soviel
tardar dauern
tarde, *f* Nachmittag
tarjeta postal, *f* Postkarte
taza Tasse
té, *m* Tee
te dich
teatro Theater
teléfono Telefon
televisón, *f* Fernsehen
temprano früh
tenedor, *m* Gabel
tener haben
tener que müssen
terminar aufhören
testigo Zeuge
ti dir
tía Tante
tío Onkel
tiempo Zeit
tienda Laden
tienda de campana Zelt
tierno zärtlich
tinto gefärbt
típico typisch
tirar schießen; werfen
toalla Handtuch
tocadiscos, *m* Plattenspieler
tocar spielen (Instrument); berühren
todavía noch
todo jeder; ganz
todo el día den ganzen Tag
todos alle
tomar nehmen
tomate, *m* Tomate
toros Stierkampf
torre, *f* Turm
tostada Toast
totalmente völlig
trabajar arbeiten
trabajo Arbeit
traer bringen
tráfico Verkehr
traje, *m* Anzug
tranquilo ruhig
tratar de handeln von
tren, *m* Zug
triste traurig
tu dein
tú du
tuyo dein

U

último letzter
único einziger
unos einige
usted Sie
uva Weintraube

V

vaca Kuh
vacaciones Ferien
vacío leer
vale einverstanden
valle, *m* Tal
varios verschiedene
vaso Glas
vela Kerze
vender verkaufen
venir kommen
ventana Fenster
ver sehen
verano Sommer
verdad, *f* Wahrheit
verde grün
verdura Gemüse
vestido Kleid
vez, *f* Mal
viajar reisen
viaje, *m* Reise
vida Leben
viejo alt
viento Wind
viernes, *m* Freitag
vino (tinto) (Rot-)Wein
visitar besuchen
vivir leben
volver zurückkommen
volver a hacer wieder tun
vosotros ihr
vuelta Rückfahrt
vuestro euer

Y & Z

y und
ya schon
ya no nicht mehr
yo ich
zapato Schuh
zumo Saft

Kauderwelsch-Sprechführer

gibt's für unheimlich viele Sprachen:

Afrikaans ● Albanisch ● Amerikanisch - *American Slang, More American Slang,* Amerikanisch oder Britisch? ● Amharisch ● Arabisch - Hocharabisch, für Ägypten, Algerien, Golfstaaten, Irak, Jemen, Marokko, Palästina-Syrien, Sudan, Tunesien ● Armenisch ● *Bairisch* ● Baskisch* Bengali ● *Berlinerisch* ● Brasilianisch ● Bulgarisch ● Burmesisch ● Cebuano Chinesisch - Chinesisch kulinarisch ● Dänisch ● Deutsch - *Allemand, Almanca*, Duits, German, Nemjetzkii, Tedesco* ● *Elsässisch* ● Englisch - *British Slang, Australian Slang, Canadian Slang, Neuseeland-Slang,* für Australien, für Indien Esperanto ● Estnisch ● Finnisch ● Flämisch* ● Französisch - für Restaurant & Supermarkt, für den Senegal, für Tunesien, *Französisch-Slang, Franko-Kanadisch* Galicisch ● Georgisch ● Griechisch ● Guarani ● Hausa ● Hebräisch Hieroglyphisch ● Hindi ● Indonesisch ● Irisch-Gälisch ● Isländisch Italienisch - *Italienisch-Slang,* für Opernfans, kulinarisch ● Japanisch Javanisch ● Jiddisch ● Kantonesisch ● Kasachisch ● Katalanisch ● Khmer Kisuaheli ● Kinyarwanda ● *Kölsch* ● Koreanisch ● Kroatisch ● Kurdisch Laotisch ● Lettisch ● Lëtzebuergesch ● Lingala ● Litauisch ● Madagassisch Makedonisch ● Malaiisch ● Mallorquinisch ● Maltesisch ● Mandinka Marathi* ● Mongolisch ● Nepali ● Niederländisch ● Norwegisch ● Paschto Patois ● Persisch ● Pidgin-English ● *Plattdüütsch* ● Polnisch ● Portugiesisch Punjabi ● Quechua ● *Ruhrdeutsch* ● Rumänisch ● Russisch ● *Sächsisch Schwäbisch* ● Schwedisch ● *Schwiizertüütsch* ● *Scots* ● Serbisch Singhalesisch ● Sizilianisch ● Slowakisch ● Slowenisch ● Spanisch - *Spanisch-Slang,* für Lateinamerika, für Argentinien, Chile, Costa Rica, Cuba, Dominikanische Republik, Ecuador, Guatemala, Honduras, Mexiko, Nicaragua, Panama, Peru, Venezuela, kulinarisch ● Tagalog ● Tamil Tatarisch ● Thai ● Tibetisch ● Tschechisch ● Türkisch ● Ukrainisch Ungarisch ● Urdu ● Usbekisch ● Vietnamesisch ● Walisisch ● Weißrussisch *Wienerisch* ● Wolof ● Xhosa*

Reise Know-How Verlag Peter Rump GmbH, Bielefeld
* erscheint 2002

O'Niel V. Som

wurde 1966 in Essen geboren. Spanisch lernte er schon als Kind von seinen Eltern und auf unzähligen Urlaubsreisen. Im Abitur war Spanisch neben Mathe der zweite Leistungskurs. Als er dieses Buch schrieb, studierte er Medizin und gab nebenbei Sprachkurse.

„In fast allen herkömmlichen Lehrbüchern ist zuviel Grammatik enthalten, die man in der Umgangssprache nicht benötigt, und die mündliche Konversation kommt viel zu kurz. Man lernt eine Sprache am besten im Lande und mit Freunden zusammen. Dieses Buch können Sie als Anleitung für die ersten Gespräche benutzen. Sollten Sie Fragen oder Verbesserungsvorschläge haben, schreiben Sie mir bitte an die Verlagsadresse."